世界94カ国で学んだ元外交官が教える

世界5大宗教入門

ビジネスエリートの必須教養

株式会社グローバルダイナミクス
代表取締役
山中俊之

ダイヤモンド社

Prologue

なぜ宗教がビジネスエリートの必須教養なのか？

ビジネス。
政治や経済。
英語をはじめとする語学。
日本や世界の歴史。
美術、音楽、文学、哲学。
映画や演劇などのエンターテインメント。
国内や海外の旅行や世界遺産めぐり。
食の楽しみ。

今挙げたもののどれかに、あなたも何らかの興味を抱いていると思います。仕事や趣味を通して、実際にかかわりを持つトピックもあるでしょう。

これらについて知識を蓄え、その知識を単なる情報ではなく自分のものにし、自分の言葉で語れる人は、「教養がある人」とみなされます。

世界で活躍するビジネスエリートはみな教養がある人ですし、逆に言うと教養がなければ活躍することはできません。残念ながら「まあまあ仕事のできる人」で終わってしまうのです。厳しい言い方になりますが、「まあまあ仕事のできる人」とは、相手にとっては単なる「取引先」です。

商談が終わった後の食事会、懇親のためのパーティーでは「特に話すことのないつまらない人」としてスルーされてしまい、人間関係が構築できないでしょう。

これでは大きな仕事をするのは難しいし、将来的にパートナーシップも築けません。何より、仕事を離れた「あなた個人」として、魅力ある存在にはなれないのです。

商談はもちろん、雑談が抜群にうまい——これが教養がある人の条件と言ってもいいと、私は考えています。

雑談を通じて、人間としての深みをさりげなく提示して、「また会いたい」「仕事抜きでもつき合いたい」と思わせることが、これからのエリートの前提条件になります。

教養とは、世界で活躍するための「パスポート」である

「雑談は教養である」と言うと、違和感を覚える人がいるかもしれません。「雑談というのは、営業や接客のスキルであって、グローバルエリートの前提条件ではない」と感じる人もいるでしょう。

しかし教養とは、世界で活躍するためのパスポートのようなものです。すなわち、それがないとそもそも人の輪に入れない。お呼びではないのです。

日本人同士であれば、善し悪しは別として「A大学出身です」と言うと、その人の知的レベルがなんとなく伝わります。あるいは「一流企業勤務＝教養人」とみなされることもあるでしょう。

ところが世界のエリートが集まる場では、あなたが出身大学を言ったところで、相手にはそれがどんな学校であるか、わかりません。企業名にしても、それだけでは知的レベルの証明にはなりません。

ご存知の方も多いと思いますが、英タイムズ・ハイヤー・エデュケーションによる「THE世界大学ランキング２０１９」では、東京大学は四二位。アジアで一番ランクが高い

中国の清華大学が二二位ですから、日本の大学は世界の一流校にはほど遠いのが現状です。外国人の前で、日本では一流とされる大学の名を出したとしても「ふうん、そういう大学が、この世界の片隅にあるのですね」と軽く流されてしまいます。

そもそも世界では、出身大学以上に、修士や博士課程で何を学んだかが問われます。日本の出身大学名にこだわっていると世界の基準から外れた痛い人になってしまいます。

仮に仕事抜きだとしても会ってみたい人、それが教養のある人です。教養さえあれば、

「この人は信頼できる人だ」

「面白そうなことを話す人だ」

そう思ってもらうことも、十分に可能です。

私がそのことを痛感したのは、外務省の研修で行かせていただいたケンブリッジ大学での連日のランチやディナーの席でのことでした。

そこでの会話は相手の専門分野から始まって、芸術、文化、歴史、スポーツ、映画の話題が中心。幅広い教養がないとまったく会話に入っていけず相手にされません。

外交やビジネスの現場でも、本当に関係を構築するのであればディナーやランチといった社交が伴いますが、そのような場でビジネスの話ばかりしていると幅の狭い人間と思わ

れて、次の仕事がこなくなるかもしれません。豊かな教養がにじみ出るような、魅力的な会話が不可欠です。

「モノを売る前に自分を売れ」というのが営業の王道のようにいわれていますが、大きなビジネスであってもそれは同じ、いや、それ以上に重要です。あなたの「会社」の取引内容より、あなたという「人」に興味を持ってもらい、人間関係を構築できないと、新しいビジネスは生まれにくいものです。

ケンブリッジ大学は、世界でノーベル賞受賞者を多く輩出している大学の一つですが、常に異分野・異文化の人間が交流・議論していることがその理由だともいわれています。異分野・異文化についての知見は、まさに教養であり、斬新なイノベーションは幅広い教養に由来するのです。

その意味で、雑談力とは世界で働く人の武器であり、教養はその前提となる知的資本であると言えるでしょう。まさに世界で活躍するためのパスポートのようなものです。

「いやあ、私は海外出張があるような仕事ではないし、職場に外国人もいない」

そのように受け止める人がいるかもしれませんが、日本だけで完結するビジネスは消えつつあります。昔ながらの製造業であっても原材料は世界のあちこちからやってくるし、市場は世界中にあります。

廃棄物の処理から従業員の休みの確保まで、働く人は誰もがグローバルスタンダードと無縁ではいられません。世界中からありとあらゆるいいものをかき集め、広い意味での「エコシステム」を構築していく。これが今後の企業のあり方ですから、教養という異分野・異文化の物事をつなげる力はますます必要となってきます。

宗教は「教養の土台」である

では、どのようにすれば教養が身につくのでしょうか？

私は宗教こそ、教養の大きな土台の一つだと考えています。

そもそも宗教とは何でしょうか。

宗教（Religion）は、ラテン語のReligioが語源です。これは、再びという意味のReとつなぐという意味のligioという要素からできており、「再びつなぐ」という意味になります。何と何を再びつなぐのかというと、神と人間を再びつなぐのです。

このような語源からもわかる通り、宗教とは神または人智を超越した存在を中心として、教義や戒律を定めたものと定義できるでしょう。

さて、そのような宗教がなぜ教養の土台なのでしょうか。

世界の様々な社会、人の立場になって考え行動するには、その社会の歴史や文化、価値観を知ることが極めて大切になります。これは海外で成功した人、海外赴任で責任ある立場にあった人であれば誰でも同意していただけるでしょう。この歴史、文化、価値観の基底にあるのが宗教であり、世界レベルの教養を身につける近道なのです。

物事のあらゆる側面で宗教の影響が見られる

あなたの仕事がメーカーであれ、小売りであれ、不動産業であれ、世界の政治経済の影響なしに成立する仕事はありません。そして、政治経済の動きには、宗教が影響しているのです。

たとえば、アメリカの大統領選には、候補者がキリスト教のどの宗派の票を得るかが大きく影響していますし、アメリカの動向は世界の政治経済に影響をおよぼします。そして、多くの日本人が「現代的でカジュアル」というイメージを抱くアメリカは、実は世界でもトップレベルの宗教的な国家なのです。**キリスト教についての知識がないと、アメリカ人とのつき合いやビジネスは地雷の埋まった野原を歩くようなものになります。**

また、日本人の多くは「中東には紛争が多いようだが、イスラム教はよくわからない」と漠然と捉えています。もしあなたが、「イスラムは遠いアラブの石油の国の人の話。自分にはあまり関係ない」と思っているなら、それは危険です。

なぜなら、今後、東南アジアはビジネスやインバウンドで日本とますます関係が深まっていくはずですが、マレーシアの国教はイスラム教ですし、インドネシアにも二億人以上のイスラム教徒がいます。また、ご存知の通り日本の石油輸入の多くはイスラム教徒が多い中東に依存しています。中東での混乱は、石油やガソリンの価格に跳ね返り我々の生活を直撃します。

さらに各種統計によると、出生率が相対的に高いイスラム教徒は、将来、世界最多の信者を持つ宗教となる可能性が高いのです。また、欧米で起こっているイスラム排斥の気運が排外主義的な政策を生み、ＥＵ各国の移民や難民の問題、イギリスのＥＵ離脱などにもつながってきています。

世界は相互に緊密につながっています。そして、このようなつながりが見えないと判断を誤ります。この緊密につながった世界を、イスラム教を知らずして理解することは不可能でしょう。

語学・音楽・美術・文学とも関係がある宗教

教養がある人はたいてい語学力も備えており、英語は今やビジネスの必須項目でもあります。そして「語学を学ぶにはその国の文化を学べ」といわれますが、国際語として使われている英語にキリスト教由来の言葉やフレーズが非常に多いことはよく知られている通りです。

つまり、聖書のポイントについて知っているだけでも、英語を学ぶ上では大きなアドバンテージになります。

逆に言えば、欧米社会ではキリスト教について知らないと本当に評価される英語話者にはなれません。日本人の英語がなかなか上達しないのは、キリスト教への理解が不足していることが関係していると私は見ています。

さらに、西欧の音楽、美術、文学の多くは、キリスト教からスタートしています。なぜなら、キリスト教を普及させ、いかに人々を啓蒙するか、社会はキリスト教をいかに受け入れるのかといった葛藤が西欧の歴史をつくってきたからです。その目的で生まれたのが、音楽や美術なのです。

カトリックの教会が描かせた数々の宗教画こそ西洋美術の一つの出発点ですし、西洋の音楽は賛美歌や聖歌が発展したものです。

また、「自分とは何か」「生きる意味とは？」という問いは古典文学や哲学からごく最近の漫画やアニメ映画にまで脈々と流れる不変のテーマですが、実はこれこそ宗教の誕生や宗教観と大きくかかわっています。

AIや科学の未来にも、宗教は影響する

今後、私たちの生活を大きく変えていくといわれている最新テクノロジーも、実は宗教と無縁ではありません。

ＡＩからゲノム編集、安楽死まで最先端の科学技術の開発には「人間とは何か？」という問いがついて回る以上、これも宗教観によって変わってきます。

よく知られた例を挙げれば、「全知全能の神が人をつくった」という大前提が刷り込まれているキリスト教徒やイスラム教徒のなかには、神でもない人間が人の形のロボットをつくることに抵抗を感じる人もいます。

鉄腕アトムからペッパーまで、日本人が「かわいい」というシンプルな理由で人型ロボッ

トをつくり出せたのは、人と神（仏）の距離が近い日本的宗教観が背景にあるからだとも言えますし、「自分は無宗教だ」と考える今日の宗教観が影響しているとも言えます。

「イスラム教徒は豚を食べない」というトピックばかり注目される傾向がありますが、私たちがごく日常的に接している食文化や食習慣にも、宗教は影響をおよぼしています。少子高齢化にも宗教は関係していますし、こうやって例を挙げていくときりがないほどです。教養にも、科学にも宗教が深くかかわっている。これは、次のようにイメージすると、わかりやすいと思います。

「宗教を軸とした歴史という大地に、政治、経済、社会、文化、科学という様々な花が咲いている」

それだけに宗教は奥深く、おそらく一生かけて研究しても、し尽くせないでしょう。**そこで本書では、多忙なビジネスパーソンのために、「ここだけは押さえておきたい」という5大宗教に関する必須知識をビジネスの視点からお伝えしていきます。**

教科書的にうまくまとめられた本はたくさんあるので、現在の様々なトピックスと絡めながら読み流すことができる「誰にでも使える本」にしていきたいと考えています。

世界九四カ国を知る元外交官のビジネスコンサルタントだから伝えられること

私は外務省からキャリアをスタートし、エジプト、イギリス、サウジアラビアに赴任。エジプトでは現地の家庭に下宿してアラビア語を習得するとともにイスラム文化に触れました。また、イスラエルの大学のサマースクールで学び、イスラエル人と寮で同室だったこともあります。イギリスでは、キリスト教の行事に多数参加しました。

退職・起業後は世界の人々とのビジネスを通して各国の文化に触れるかたわら、高野山大学で仏教や比較宗教について学びました。

外交官時代にサウジアラビア駐在で学んだイスラム教徒とのつき合い方。世界九四カ国で出会い、今なおビジネスパートナーとして、友人として交流を続けている世界の様々なバックグラウンドを持つ人々から得た宗教と接する上でのコツやタブーも、本書を通してぜひともシェアしたいと思います。

同時に私はコンサルタント・研修講師として、多くの日本人ビジネスパーソンから「ビジネスの現場で成果を上げるためにはどうすべきか」という質問を受けています。これらの質問をもとにした議論もふんだんに入れていきます。

ビジネスに役立つことはもちろん、絵画や音楽、文学、食、海外旅行や世界遺産めぐりも、宗教を知っていればより深く楽しめるようになります。

そして何より、日本人として自国の宗教観をどう説明すればいいかをしっかりとお伝えしていきたいと思っています。

「私は無宗教です」は、世界では非常識な発言

あらゆる教養の土台となる宗教ですが、日本では「宗教の話? いや、私はちょっと」と腰が引けてしまう人が多いのではないでしょうか。

たとえば、商談やプレゼンなど、ビジネスの〝本題〟が終わった後、会食やパーティーの席で、あるいはランチなどの雑談の場で、ふと宗教の話題が出たとします。

「いやあ、私は無宗教でして」

あなたは何気なく、このように答えていませんか?

無宗教だと答える日本人は、決して珍しくありません。

日本人の多くが「自分は特定の信仰を持たず、無宗教である」と回答しているという統計もあります。

実際、あなたの会社や取引先が日本人のみ、もしくは日本の文化を知り尽くしている人だけならば、この答えはごく自然に受け入れられるでしょうし、何も問題にはならないはずです。

ところが、外国人がいる場でこの発言をしたら、相手はよほどの日本通か無神論者の場合を除き、間違いなく違和感を抱きます。

驚くことに、あなたがいきなり「私は善悪の区別もできない、非常識な人間なんです」と告白したかのように受け取る相手も、世界には少なからずいるのです。

あるいは、「無宗教ということは、神についてどのように定義しているのか。無神論についてはどうお考えだろう？　ニーチェをどう捉えているのか、ぜひ意見を伺いたい」と難解な議論をふっかけられて、答えに詰まる可能性もあるでしょう。

日本人が一種の「宗教アレルギー」になった理由については第1章で詳しく述べますが、日本人は決して無宗教ではありません。

なぜなら、多くの日本人が初詣などでお祈りをしているといった事例があるからです。また、「ありがとう」「いただきます」といった誰もが日常的に口にする言葉さえ、仏教など宗教と関係しています。

言葉を変えれば、人がそれぞれ持っている「価値観」をつくる大きな要素が宗教です。その意味で、宗教はすべての人にかかわりがあるものと言えます。相手の価値観がわかることで相互理解が深まり、対立も少なくなることでしょう。

この前提で、いよいよ本題に入っていきましょう。

二〇一九年夏　山中俊之

目次

第2章 ユダヤ教

少人数ながら国際政治・経済への多大な影響力を持つ

第3章 キリスト教

世界のルールをつくった「西洋文化のルーツ」

第4章 イスラム教

日本人に誤解されがちだが実は「人にやさしい宗教」

第5章 ヒンドゥー教・仏教

日本文化に強い影響力がある兄弟のような宗教を一緒に学ぶ

第6章 日本の宗教

「自国の宗教観」を語れてこそ、一流のビジネスパーソン

第7章 科学・政治経済と宗教

AI、生命化学、国際紛争、社会問題を読み解く

第1章

世界5大宗教の基礎知識

日本のビジネスパーソンだけが知らない！

Basics

Basics 01

日本人の「宗教偏差値」は世界最低レベル

カトリック教会の新聞の主張

私は世界を飛び回って仕事をしていますが、仕事の空き時間にホームレス支援のボランティア活動に参加することがあります。世界の宗教はみな、恵まれない人への慈善活動の大切さを説いていますが、日本のホームレス支援ボランティア団体の多くは、キリスト教系です。

私が参加しているＮＰＯは神戸にあるカトリック教会の関連団体。そのため、カトリックの新聞を読む機会がありますが、最近目についたトピックスは大嘗祭《だいじょうさい》についてです。明仁上皇陛下が退位されて、改元によって平成が終わりました。徳仁天皇陛下が皇位継承をされるにあたって即位関連の儀式が行われるわけですが、その際、「宗教色を出さないでほしい」というのが新聞の主張でした。いつものカトリック新聞の記事はすこぶる平和的なのに、大嘗祭の件については、比較的強い論調で書いてありました。

政教分離を原則とする日本で、特定の宗教に則った儀式が、国民の税金を使った国家行事として行われるのは、自分たちカトリックとしては許せないという主張のようです。私もこの記事を読むまで、大嘗祭への公金支出がここまでカトリックの人々、さらにはキリスト教徒の宗教的尊厳を傷つけるとはわかっていませんでした。

日本のキリスト教徒は一〇〇万人程度といわれていますが、日本社会では少数派です。「日本は宗教的な少数派に対して配慮がない」という記事を読みながら、**「私は無宗教です」と自称する多数派の日本人は、宗教についての意識が低いのだと改めて感じました。**

「次の元号は何になるのかな？」

この程度にしか考えていなかった人もたくさんいると思いますし、もっと深く考える人でも「宗教」という視点からは見ていないのではないでしょうか。

世界のビジネスパーソンが集まる場で、悪気はなくても宗教について考えなしに発言すると、「この人、全然わかっていないな」と思われてしまう可能性があるでしょう。

国際的イベントにも宗教の知識は必要

いくら無宗教だと思っていても、宗教の影響というのは社会全体におよんでおり、国際社会と接する時は、よりくっきりとあぶり出されます。

たとえば、二〇一六年に開催された伊勢志摩サミット。G7の各国首脳が伊勢神宮に足を運びましたが、外務省のなかでも「本当に伊勢神宮に案内していいのか？」という議論がされたようですし、新聞もその是非を報道しました。

スタンプラリーのように御朱印を集めたり、お参りがブームになったり、今の日本人にとって伊勢神宮とは〝観光スポット〟です。「諸外国のトップに日本の伝統を見てもらうならぴったりの場所でしょう」と、安易に考えてしまう人もたくさんいます。

しかし伊勢神宮は、日本の神道の大元締めである宗教施設。宗教的価値観が合わない人にとって、信じてもいない神にお参りすることは抵抗があります。おそらくG7の首脳陣はみな、伊勢神宮には行ったものの、参拝はしていないはずです。

Ｇ７参加国は日本以外は欧米ですから、安倍首相以外はキリスト教徒でしょう。これがＧ20となると、もっとややこしくなります。首脳の宗教はバラエティに富んでいますし、近隣アジアの人にとって日本の神道は、戦前の国家神道と結びつき、ネガティブな印象にさえなり得ます。

よくいわれるように日本人の多くは、神社で初詣をし、キリスト教徒でなくても教会で結婚式を挙げ、クリスマスを祝い、仏教徒という意識はないけれどお葬式にはお坊さんを呼び、死んだら先祖代々のお墓に入って当然だと思っています。だからつい、宗教はイベントと考えてしまうのかもしれませんが、これは世界の非常識です。

「大きなイベントの背後には重厚な宗教的要素がある」と、意識すべきでしょう。

世界の宗教は知らない、自分の宗教もわからない日本人

世界で活躍しようと考えるビジネスエリートは、宗教の重要性を理解しつつあります。そこで、「じゃあ勉強しよう」となるのですが、いきなり「一番よくわからないイスラム教から始めよう」「世界宗教だから、キリスト教を学ぼう」と考えるのはやめておいたほうが無難です。**真っ先に学ぶべきものは、「自国の宗教」です。**

たとえばあなたが、フランスに出張し、「この後、仕事抜きの食事会でも」となったとします。そういう場で絵画の話が出て、「モネについてどう思う？」と聞かれた時、日本人のあなたがあまり知識を持たず、「うーん、印象派ですよね」「睡蓮の絵が有名ですよね」くらいしか答えられなくても、さほど問題はありません。モネはわかりやすい例ですが、文化は多岐にわたりますから、ある程度、知らないことがあるのはやむを得ないものです。

しかし相手が、「印象派はジャポニスムの影響が強いですよね。葛飾北斎について教えてください」と尋ねてきた時、「ちょっとわかりません」と答えたら、会話は終わりです。悲しいことに、「教養がないつまらない人」の判定が下ってしまい、関係も終わるのです。

宗教もこれと同じです。世界に出れば、キリスト教徒がキリスト教について詳しいのはもちろんのこと、ユダヤ教のこともかなり知っています。イスラム教徒は、一般にイスラム教以外はあまり詳しくありませんが、イスラム教についてはいくらでも熱く語れますし、生活そのものがイスラム教に根ざしています。

よく宗教の話題はＮＧといわれます。確かに、自分の宗教の正当性を主張したり、相手の宗教に対して批判ととられかねない発言をしたりすることはご法度でしょう。また、多様な宗教の人がいるなかで慎重さが要求されることも事実でしょう。

しかし、世界では、日本の宗教やあなたの宗教について質問を受けることが多々あるので

す。そして、日本の宗教について話す場合には、他の世界の宗教についても知らないと説明がどこかおかしくなります。宗教の話題はＮＧと理解している人が、宗教のことを知らなくてもＯＫと捉えているとしたら、それは極めて大きな誤解です。

日本の宗教偏差値が低い三つの理由

もしも「世界宗教偏差値」があるとしたら、日本はおそらく世界最低レベルです。理由はいろいろありますが、私は次の三つの影響が大きいと考えています。

１　地理的な理由

世界５大宗教のうち、ユダヤ教、キリスト教、イスラム教の三つは発祥が中東ですが、中東で生まれた宗教が伝わるには、日本は距離があります。残る二つのうちヒンドゥー教と仏教はインドで生まれ、日本には中国経由で仏教のみ伝わりました。また、島国でもあるので、世界の宗教を信じる他民族と本格的な戦争もあまりありませんでした。日本的な宗教観・価値観でぬくぬくとやってこられたのです。

2　神道がもともとあり、その上に仏教を受け入れた

仏教が日本に伝来したのは六世紀半ばですが、当時の日本にはすでに神道が存在しました（もっとも、この時代には神道という言葉は使われておらず日本古来の民族宗教と言ったほうがより正確です）。

この神道というのは自然崇拝がベースになっています。「空にも海にも山にも川にも、自然界のすべてに神様がいる」という考えですから、キリストやムハンマドやお釈迦様のような開祖もいなければ、聖書やコーランのように、教えを系統化したものもありません。

宗教とはっきり意識しないまま、八百万《やおよろず》の神様を信じ、神様を信じたまま仏教を受け入れたのですから、曖昧になるのもうなずけます（世界でも自然信仰をしている上に新たな宗教を受け入れたところは多数ありますが、もともとの宗教は多くの場合現存していません）。このような曖昧な宗教観の上には、難しい教義や厳しい戒律はなじみにくいと考えられます。

3　江戸時代の檀家制度と明治以降の国家神道

一六～一七世紀になるとキリスト教が世界的な布教活動を展開しましたが、日本では豊臣秀吉や徳川家康により禁教とされ、全国民が仏教徒としてどこかのお寺に属すること（檀家と言います）になりました。

この檀家制度は、寺を幕府や藩の下部的な行政組織として位置づけるものであり、仏教

本来の宗教的側面は失われてしまいました。寺は、檀家である住民を管理・監視して、後は葬式だけをしていれば良いということになったのです。

明治時代には、その仏教も一時期弾圧され、天皇を神のように崇める「国家神道」となりました。人間である天皇を神とするという考え方は、世界の他の宗教とはまったく異質のものです。

第二次世界大戦終了後、それが全否定される一方、一部の新興宗教の犯罪や不祥事に関する報道により「宗教には近づかないほうが良い」という意識が高まりました。

こうして、宗教偏差値が最低レベルの国となってしまったのです。

日本への外国人観光客の数は急増中で、二〇一八年には、初めて三〇〇〇万人を超えました。従来型の東京の都心や富士山、京都の有名社寺といった観光地に加え、高野山、日光、平泉などにも多くの外国人が訪れています。

外国人観光客の日本の宗教への関心が高まっていることは確実であり、外国人観光客に日本の宗教について話ができるようになれば、人間関係の構築も進み、宗教偏差値も上がることでしょう。

もしも中国人に「スシの握り方」を習ったら？

日本、韓国、ベトナムなど東アジアの国々は中国の影響を強く受けています。宗教にしてもそれは同じ。つまり日本に入ってきた仏教は、「中華味の仏教」なのです。

あなたも海外旅行に行った際、外国人がつくる日本料理を食べて「ん？　なんか違う」と感じたことがあるでしょう。それはたいてい現地に住んでいるアジア人が経営する店だからです。もしも欧米人が、現地で日本料理店を経営する中国人に「スシの握り方」を習ったとしたら、それは本来の寿司とは、かなり違うものになるはずです。

これと同じく中国の仏教は、インド発祥のもともとの仏教とは異なります。インドで生まれた初期仏教から枝分かれした大乗仏教が主に東アジアに広がったのですが、中国にきた時点で、孔子を祖とする儒教や、古代からある民間信仰に道家の思想を合わせた道教が混ざり合ったものになりました。中華味の仏教の誕生です。

中華味の仏教が日本にやってきて、もとからあった神道と混じり合ってできたのが日本の仏教ですから、本来の仏教とはいろいろと違っています。

たとえば、インドで仏教が生まれた頃、仏教の開創者であり悟りを開いた後は釈尊と呼ばれるガウタマ・シッダールタ（釈尊・ブッダともいわれますが、ブッダは目覚めた人を意味する仏陀と紛らわしいので、本書では釈尊を用います）は、「男女を差別してはならない」と説いていました。

ところが中国に渡ると儒教の影響を受け、仏教は女性差別的なものになります。ゆえに日本に伝わった仏教の教えのなかには「女性の場合、男性に生まれ変わらないと成仏できない」と考える、変成男子《へんじょうなんし》という言葉があるのです。また、中国では儒教の影響のため、仏教がより国家や皇帝の権威に近い位置づけになりました。

つけ加えておくと、伝来の過程で宗教が変化していく現象は、仏教に限った話ではありません。たとえば、中東のイスラム教と東南アジアのイスラム教とでは戒律の厳しさなどが違います。アラビア半島発祥のイスラム教が伝来する過程で、東南アジアでは現地の文化や宗教と融合していき、中東のような厳格さが失われた面があります。

東アジアを一歩出たら「宗教の知識」が特に必要

かつて毛沢東はダライ・ラマに対し「宗教は毒だ。宗教は二つの欠点を持っている。まずそれは民族を次第に衰えさせる。第二に、それは国家の進歩を妨げる。チベットとモンゴルは宗教によって毒されてきたのだ」と断じました。やがて二人は決定的に断絶し、宿敵となりました。

二〇一九年現在の中国は、共産党の支配下にない宗教が弾圧される国です。新疆ウイグル自治区に住むイスラム教徒に宗教弾圧を行い、「地下教会」と呼ばれる非公認教会の牧師を逮捕するなどキリスト教にも圧力を加えています。中国には非公認教会を含めるとキリスト教徒が一億人近くいるとの報道もあり、社会的に小さな問題ではありません。また、カトリック信者への影響を嫌った中国政府は、バチカンとも外交関係がないのです（もっとも近年は関係修復の動きがあるようですが）。

韓国では、最近キリスト教信者が増加していますが、日本と同じく「中華味の仏教」や儒教の影響が強い国です。中国や韓国でも宗教についての知識がないと失敗することはありますが、儒教や中国の場合には共産主義の影響もあり、宗教について曖昧であったり、社会の前面に出てこなかったりします。

しかし、宗教の影響が比較的弱いのはこれら東アジアの国々に限られます。そこでビジネスパーソン対象のグローバル研修の際、私はしばしば「東アジアを一歩出たら、宗教のことに特に気をつけてください」とアドバイスしています。

敬虔な仏教徒が多いタイ、カトリックが多いフィリピン、イスラム教徒も多く住むインドネシアやマレーシア。シンガポールは多民族国家だけあって、人種ばかりか宗教のるつぼです。**日本のビジネスパートナーとして、今後関係が深まっていく東南アジア諸国は、「宗教偏差値が高い国」と考えておくべきです。**

なにより日本に対して多大な影響力を持つアメリカは、世界でもトップレベルの宗教的な国家。そんなアメリカ人が、日本人に自分たちの宗教の話をしてくることが少ないのは、「よく知らないだろう」と思っているからです。それなのに日本人が雑談をしているうちに宗教に関連する話題になり、無知であるために地雷を踏むパターンが多い……。これはアメリカ生活が長い友人の意見ですが、私もそう感じます。

欧米の人たちが聞きたがるのは、日本人から見たユダヤ教、キリスト教の話ではなく、自分たちがよく知らない仏教や神道についてです。宗教偏差値を上げるには、繰り返しになりますが、自分たちの宗教を知っておくことが大切です。

さらに最先端とされているＩＴ企業はグローバル企業でもありますが、そこで働く人々は、現在アメリカでも人気が高まっている禅や瞑想への興味から「日本人なら仏教について詳しく教えてくれるだろう」という期待を持っています。話題にのぼる可能性が非常に高いのに、まったく答えられないのは危険です。

「今のままの宗教偏差値ではまずい！」

最低限、この意識は必要ではないでしょうか。

Basics 02

グローバルエリートが宗教を学ぶ理由

「政治と宗教の話をするべからず」はウソ？

欧米人とのつき合い方として、「政治と宗教の話をしてはいけない」と書いてあるマナーブックもありますし、私もその真偽についてしばしば質問を受けます。

私の答えは、「このマナーは、半分正しいけれど、半分間違っている」です。

政治でも宗教でも、自分の支持する政党や自分の信じている宗教について、一方的に語るのはタブーです。**悪気はなくても、話していて、自分の政党なり宗教なりの主張が相手の信じるものと違っていれば、結果的に相手を批判することになります。**

特に宗教は、プロローグで述べた通り、人の心の根底にある価値観と深くかかわっています。相手の根本的な価値観に対してネガティブに聞こえる言葉を口にすれば、関係が壊れてしまうかもしれません。

このように宗教はとても繊細なトピックですから、「触れないほうが無難」という意味で、「政治と宗教の話をしてはいけない」というのは半分正しいと言えるのです。

しかし一方で、政治や宗教の話をいっさい排除すると、表面的な薄い会話になってしまいます。

たとえば、カトリック教徒は、ボランティア活動などの善行を大変重視しています。日本人が聞くと、単に「偉いですね」「立派ですね」で終わってしまって話があまり続かない可能性があります。

しかし、その背後にある宗教的価値観を知っていると、もっと話が弾み、信頼関係が築けるのです。

「ブリッジする会話」でグローバルリテラシーを高める

どのような会話をして相手とつき合うべきかは、職業やシチュエーションによっても変わってきます。しかし、原則は「ブリッジする会話」だと私は考えています。

「ブリッジする会話」とは、文字通り自分と相手に橋をかけること。具体的には相手の国や社会、人の価値観を踏まえた上でその長所について話す。あるいは、相手の国や文化と自分の何らかの関係について述べるということです。

たとえば、相手が演劇好きならイギリス人と話すときにはシェイクスピアを、フランス人と話すときにはモリエールを話題にすれば、「ブリッジする会話」になります。

宗教も非常に役立ちます。八年ほど前、講演の依頼を受けて私がアゼルバイジャンに行ったときのこと。最初の挨拶は相手国とつなぐ「ブリッジする会話」にしようと決めているので、何を話そうか少し悩みました。

アゼルバイジャンは地理的にロシアに近く、かつてのソビエト連邦の一部ですからロシア文化の影響が大きい。私はロシアバレエが好きでよく見ているので、その話をしようかと一瞬思いました。しかし、旧ソ連の国々の多くは、かつて自分たちを支配した強権的なロシアを嫌っています。私はアゼルバイジャン独自の文化に詳しくはなかったものの国民の多くはトルコ系、つまりイスラム教徒だというのは知っていました。

そこで私の第一声は、「アッサラームアライクム」。

「あなたの上に平和を」という意味のイスラム教徒なら誰にでも通じる挨拶（アラビア語）です。これでいっぺんに、聞き手を引きつけることができました。

これは外交シーンではよくあることで、インドのモディ首相が来日した際、安倍首相がわざわざ京都の東寺を案内したのも一つのブリッジです。東寺にあるのはインド的な仏像で密教の流れを汲んでいます。ここから会話を発展させよう――外務省の担当者たちがそう考えたとしても、不思議はありません。

たとえつけ焼き刃と言われようと、相手の国の歴史や文化、宗教、言語などについて最低限の正確な知識を持ち、**相手の価値観に合わせて会話をブリッジすることは今後のビジネスエリートにとって不可欠の素養と言えるでしょう。**

私は、このように世界の様々な社会や人々の思考、価値観を理解して、ブリッジする会話をベースに関係を構築していく能力を「グローバルリテラシー」と呼んでいます。このグローバルリテラシーは、教養をもとに共感力を高めていく能力と言い換えても良く、今後のビジネスエリートに欠かせない力です。

Basics 03
世界5大宗教の基礎の基礎とは？

なぜ宗教が生まれたのか？

宗教の知識の必要性は、もうおわかりいただけたと思います。

では、教養の土台であり価値観を形成する宗教は、なぜ生まれたのでしょうか？

大学や専門家から学び、数多くの文献で得た知識に私の個人的な意見を加えると、三つの仮説が考えられます。

1　死んだらどうなるのかを知りたい
2　宇宙の存在意義など、人智を超えたものの本質を理解したい
3　大きな集団を統合する必要がある

様々な文献によると、一〇万年前にはすでに死者を弔う儀式があったようです。

NHKスペシャルの「人類誕生」では、ネアンデルタール人にホモ・サピエンスが勝った理由の一つに、宗教があるとしていました。親兄弟という血縁だけの小さな集団ならば、共に暮らしているなかでの共通理解でグループはまとまります。しかし、小さな集団がやがて大きな集団になっていくと、ルールや価値観を共有するためのストーリーが必要になってくる。そして、そのストーリーこそが宗教であり、私たちの祖先であるホモ・サピエンスが持っていたものだ……。こんな内容でした。

確かに、宗教は社会全体のルール・価値観のすべてではありませんが、いまだに大きな要素であり、そこにはストーリーがあります。

たとえば私たちは、「一週間」という世界共通のルールを持っています。これはもともと宗教がつくったストーリーで、ユダヤ教、キリスト教、イスラム教では、「六日間かけて天

地を創造した神は、最後の一日を安息日とした」とされています。つまり、**もしも宗教がなかったら、「一週間の七日のうち一日が休日」といった概念は存在しなかったのです。**

また人を「騙さない」「傷つけない」というのも世界共通のルールです。もしも宗教によるストーリーがなければ、弱そうな人を襲って金品を奪う行為すら、サバンナで生きる動物たちのごとく、「日々の糧を得るためのルール」としていまだに成立していた可能性があるのです。極論のようですが、もし宗教がなければ、現在我々が当然と考えているルールや価値観がなかったかもしれないのです。

世界宗教と民族宗教

本書では「5大宗教」と呼ばれる五つの宗教を取り上げます。ユダヤ教、キリスト教、イスラム教、ヒンドゥー教、仏教の五つです。このうち、ユダヤ教とヒンドゥー教は「民族宗教」。特定の民族、国家や地域内で広がるもので、ユダヤ教はユダヤ人、ヒンドゥー教はインド人主体の宗教です。5大宗教ではありませんが、神道は日本人の民族宗教です。

キリスト教、イスラム教、仏教は、民族や国家を超えて広がる「世界宗教」です。キリスト教の聖書である新約聖書には以下のような記述があります。なお、本書における聖書の和訳は、『ダイグロットバイブル―新共同訳・ESV　和英対照聖書』（日本聖書協会）にもとづいています。

あなたがたは行って、すべての民をわたしの弟子にしなさい。彼らに父と子と聖霊の名によって洗礼を授け、あなたがたに命じておいたことをすべて守るように教えなさい。（マタイの福音書第28章）

キリスト教は世界中に宣教師が赴き、信者を獲得してきました。全人類をキリスト教徒にしようとする発想があるためで、その結果、現在世界で一番多い二〇億人を超える信者がいます。日本においてもキリスト教の影響は相当程度あると言えるでしょう。

これだけだとなんとなく平和的に感じますが、実はキリスト教には、異教徒や先住民族を強制的に改宗させたり、弾圧したりした歴史があります。また、ユダヤ教徒にはキリスト教徒から弾圧されるなど厳しい歴史があります。

イスラム教は、イスラム教によってまとまった「イスラム共同体」こそ、すばらしいと信じているので布教に前向きです（「イスラム共同体」については後に解説します）。一方で、ユダヤ教徒やキリスト教徒はイスラム教徒にとって同じ唯一絶対の神を信じる存在なので、税金を余分に払うことで、その信仰を昔から認めています。もっとも、コーランの記述からはユダヤ・キリスト教徒以外の異教徒には厳しい姿勢もうかがえます。

「ユダヤ教徒やキリスト教徒は、そのままの宗教で、自分たちの国に住んでもOKです。ただし、税金は多めにもらいます」と解釈できる内容がコーランに書かれていますから、かなり合理的と言っていいでしょう。イスラム教が支配するオスマン帝国の時代には、異教徒であっても出世した人がいたという記録が残っていますから、寛容とさえ言えます。

そして、インドからはるばる日本にまで伝わった仏教ですが、「布教せよ」という教えはさほど強くありません。仏教の教えが受け入れられたことで、結果的に世界宗教になったと私は解釈しています。ヒンドゥー教については、インドの宗教という位置づけでヒンドゥー教徒は捉えているので、インド以外への布教に熱心ではありません。

思考のベースをつくる「一神教と多神教」

ユダヤ教、キリスト教、イスラム教は、天地を創造した唯一の存在である全知全能の神を信じる「一神教」。一方ヒンドゥー教は、様々な神を信じる「多神教」です。この違いは大きく、神との関係、行動、死生観まで変わってきます。仏教については議論がありま すが、多神教と捉えることが多いようです。

一神教では神と人との間には明確な境界線があり、どんなに偉大な人でも、神を超えることはもちろん神になることも絶対にできません。

キリスト教とイスラム教では、人は死んだら「最後の審判」を受け、その結果として天国か地獄に行きますが、たとえ天国に行っても神にはなれません。

ユダヤ教は死後の世界についてあまり触れておらず、どう生きるかを重視する宗教ですが、やはり神にはなれません。

一神教の唯一絶対の神とは姿を見せるものではなく、また何か別のものを神として崇めることも厳しく否定されます。これが偶像崇拝の禁止です。よく誤解されるのですが、仏像に限らず、モノや人を神のように拝むことそのものが禁止です。仏像にしても、聖なる石にしても、唯一絶対の神ではない、そのようなものを崇拝してはいけないのです。

また一神教では、この世の中に起こることは、すべて神の恵みであり思し召しです。旧約聖書にある通り、天地も人間も動植物もすべて神がつくったもので、世界は神の意思で動いていると考えているのです。

一方、多神教では、神と人との境界線が曖昧です。仏教の場合、そもそも天地を創造した神というものが存在しません。「仏教は神様じゃなくてお釈迦様でしょう」と思う人もいるようですが、お釈迦様は実在の人物。ヒマラヤ山麓のシャカ族の王子ガウタマ・シッダールタが、修行を経て悟りを開き解脱し、仏陀（目覚めた人、悟った人）になりました。

仏教の考えでは、輪廻転生を繰り返して解脱すると、仏陀になります。つまり解脱によって、誰でも仏陀になれるのです。この「仏陀になる」というのは仏教のなかでも大乗仏教の考え方で、上座部仏教の場合は仏陀の一歩前の「阿羅漢（アルハット）」になります。詳しくは第5章で説明します。

ヒンドゥー教には、ヴィシュヌやシヴァなど様々な神がいて、人それぞれいろいろな神を信じています。ヒンドゥー教の場合、信仰する、知識を積むなどの行為によって解脱し、宇宙と一体となるとされています。多神教では、神がすべてをつくったとは考えません。たとえば、仏教では「諸法無我」といって、すべてのものが相互関係によって成り立っていると考えます。唯一絶対の神の意思は認めていないのです。

世界3大宗教の〝根っこ〟は同じ

世界の宗教の起源はもともと一つだった――そんな説をよく聞きますが、それを証明するものはありません。しかし5大宗教のうち、ユダヤ教、キリスト教、イスラム教の一神教は、「旧約聖書」における唯一絶対の神が天地を創造した（＝天地創造）などの概念を共有しています。そのため、イスラム教は、キリスト教徒やユダヤ教徒を親しみを込めて「啓典の民」と呼びます。

「旧約聖書」は「創世記」によって始まります。創世記の冒頭の言葉は次の通りです。

初めに神は天地を創造された。

神が天地創造をした後、神とユダヤ人の祖とされるアブラハムとの約束によって、ユダヤ教が生まれました。

その後、ユダヤ教から派生的に生まれたのがキリスト教で、確立したのは一世紀。開祖は誰でも知っているイエスです。イエスはユダヤ系のセム・ハム民族だといわれています。キリスト教は言ってみれば当時の新興宗教で、迫害されながら中東から欧州へと広がっていきました。キリストの言動をもとに弟子が書き留めたものが「新約聖書」です。

そして、七世紀、メッカに住んでいたムハンマドが神の啓示を受けてできたのが、イスラム教です。ユダヤ教、キリスト教と同じく旧約聖書も啓典の一つですが、「コーラン」こそ正しい神の教えとしています。

ヒンドゥー教から生まれた日本人の習慣

ヒンドゥー教と仏教の出発点には共通項があります。初期のヒンドゥー教であるバラモン教の権威から脱したのが、ガウタマ・シッダールタ。出自に関係なく、誰もが悟りを開き解脱することを目指して生まれたのが仏教なのです。

日本人の私たちは「ヒンドゥー教ってよくわからない」と思っていますが、今でもヒンドゥー教徒には「仏教はヒンドゥー教の一種だ」という感覚の持ち主が多いようです。

日本人の習慣にも、ヒンドゥー教からきたとされるものがたくさんあります。たとえば、仏壇やお墓に花や団子を供えること。真言密教で行う火を焚《た》いて祈る儀式も、ヒンドゥー由来とされています。火を焚くことを指す「護摩《ごま》」という言葉自体、そもそも「ホーマ」というサンスクリット語からきています。

先ほど安倍首相がモディ首相を京都の東寺に案内したと書きましたが、空海が祀られた東寺は真言密教で、建物や仏像にはヒンドゥー教の影響が見られます。

Basics 04
重要なポイントを学び、多角的に考える

ビジネスパーソンは宗教を細かくは学ばなくていい

第1章では宗教の重要性と5大宗教の基礎の基礎をお伝えしました。第2章から本格的に5大宗教を説明していきますが、細かい宗派の違いや教義まで理解する必要はありません。

ビジネスパーソンが宗教について理解すべきなのは、次の五点です。

1　各宗教の歴史の概略
2　中核となる教義、重要な戒律や儀礼、根拠になる聖典
3　知らないでいるとマイナスになる〝地雷〟や〝NG〟
4　知っているとプラスになる話題
5　歴史や中核となる教義が、現代の人や社会にどのような影響を与えるか

細かい宗派の違いや教義の解釈など、宗教はどれだけ学んでも学び尽くすことのできないものです。あえて深追いせず「重要なポイントを中心に学ぶ」という姿勢が、多忙なビジネスパーソンには適しています。

歴史を知ることで「わかったつもり」を避ける

人は誰しも多少でも知識を得ると、「これでわかった」と思ってしまいます。ポイントを学ぶというのは諸刃の剣で、宗教自体を単純化してしまう危険があります。たとえば「中東を知る上でイスラム教は欠かせない」ということを学んだとしても、そこで思考をストップさせ、「中東＝イスラム」と単純化すると、大切な情報を見落とします。

そもそも中東は3大宗教が生まれた場所。ユダヤ教、キリスト教が先で、その後に新しくできたのがイスラム教。だからこそ今も、シリア、レバノン、エジプトなどにキリスト教徒がいるのです。

二〇一三年に選出された第二六六代ローマ教皇フランシスコはアルゼンチンの出身で、「一二七二年ぶりに、ヨーロッパ以外の国からローマ教皇が出た」と話題になりました。では、一二七二年前の教皇は誰かと言えば、シリア人のグレゴリウス三世なのです。さらにイスラム教徒が地中海で勢力を振るう前は中東やアフリカ出身（と言っても北アフリカであり、サハラ以南のアフリカではありません）の教皇もいました。

グローバルなビジネスパーソンとして、宗教の歴史や最新情報のポイントを押さえておきましょう。同時に、その歴史的背景について、多角的・複合的に物事を捉える力が必要です。

決めつけずに自分の頭で考える

「一神教は排他的だ、多神教は寛容だ」という単純な捉え方も避けたほうがいいでしょう。現実社会の問題が白か黒かで片づかないのは一神教も多神教も同じです。

日本の多神教にしても、「神をどのように捉えるか」という点で、他の宗教の神とはかなり違います。「神」という言葉は仏教の経典では、たとえば「神通力」といった形で出てきますが、何か神秘的でぼんやりした「聖なるもの」で、同じ多神教であるヒンドゥー教のシヴァ神やヴィシュヌ神とは違います。専門家のなかには、仏教は神を前提としない無神宗教であるとする考えすらあります。

こう考えると、「一神教と多神教」という単純な比較は成立しないとわかるでしょう。

また、ヒンドゥー教は混沌としていて理解が難しい宗教ですが、だからといって「わけがわからないもの」と決めつけないほうがいいのです。

ヒンドゥー教は、混沌とした状態を保ちながら今にいたりますが、真理をどこまでも深掘りして追究するインド哲学と深いところでつながっています。

哲学的思考、論理的思考が必要とされるヒンドゥー教がかつては数字のゼロを生み出し、今は優れた人材を輩出する「ＩＴ大国・インド」のバックボーンになっているのではないでしょうか。

教科書的な宗教の知識にとどまらず、現地・現場で起こっていることを踏まえて、ぜひ柔軟に思索の幅を広げ、発想のヒントとしていただきたいと願っています。

第2章

ユダヤ教

少人数ながら国際政治・経済への多大な影響力を持つ

Judaism

Judaism 01

「宗教国家アメリカ」はビジネスパーソンの必須科目

ユダヤ教を知らないとアメリカは理解できない

アメリカの人口三億二五〇〇万人のうち、ユダヤ人はおよそ五〇〇万人といわれていますが、彼らは政治経済的な力を持っています。政財界のみならず、映画、出版、新聞などアメリカのマスメディアおよびエンターテインメント業界の創業者はユダヤ人が多く、影響力は多大です。インテルやデル、グーグル、そしてフェイスブックの創業者もユダヤ人またはユダヤ系です。キーパーソンがユダヤ人である確率が高いということから、ユダヤ教を知らずにアメリカと仕事をするのは難しいと言えそうです。

イスラエルはITやベンチャーが盛んです。ユダヤ教を知ることは、彼らとのビジネスにも役立つでしょう。ユダヤ人の定義は原則的には次の二つのいずれかに当てはまる人です。

A　母親がユダヤ人である

B　ユダヤ教徒あるいはユダヤ教に正式に改宗を認められた人である

イスラエル国民であってもパレスチナ系はユダヤ人ではありませんし、アメリカ国籍でもユダヤ教に改宗を認められた人であればユダヤ人。トランプの娘婿クシュナーもアメリカ国籍のユダヤ人ですし、日本人がそれぞれの宗派が定めている手続きに従い、改宗を認められれば、日本国籍のユダヤ人となります。

イスラエルは、古代の民族や王国の名称であり、同時に現在の国名でもあります（本書では古代王朝と現在のイスラエル国家を指す場合以外には原則としてユダヤ〈ユダヤ人、ユダヤ教徒〉という語を用います。また、ヘブライという語もありますが、本書では古代で使用され、現代になって復活したイスラエルの公用語であるヘブライ語およびユダヤ教の聖書を指すヘブライ聖書の場合のみ、ヘブライという語を用います）。

アメリカは多様な移民国家ですから、キリスト教徒やユダヤ教徒以外にイスラム教徒やヒンドゥー教徒、仏教徒など様々な宗教の信者がいますし、神を信じない人もたくさんいます。**また、仮に同じキリスト教徒だとしても、ニューヨークに住む名門大卒のエリートと、先祖代々、中西部に住む保守的な人とでは、宗教観がかなり違います。**

親がユダヤ教徒でも本人がユダヤ教徒とは言い切れず、たとえばユダヤ教徒の家庭で生まれたマーク・ザッカーバーグは自らを無神論者だと公言していました。しかし、彼は仏教徒である中国人の妻を持ち、二〇一五年にはローマ教皇とバチカンで面談し、「宗教は大切なものだ」とも述べています。

どの宗教を信じるにせよ、アメリカ人にとって宗教は重要かつデリケートな問題です。「メリークリスマスという挨拶は良くない。なぜなら、他の宗教を信じる人に対して、クリスマスというキリスト教の宗教行事を押しつけることになるから」

こうした考えをもとに、一二月には「ハッピーホリデー」という挨拶が交わされるようになったほど、社会と宗教が密接な関係を持っているのです。

このように第2章ではアメリカについても考察しますが、まずはユダヤ教の誕生と歴史の概略を見ていきましょう。

Judaism 02

ユダヤ教はいつ、どのように生まれたのか

ユダヤ教の世界観は聖書から学べ！

ユダヤ教徒は、ヘブライ聖書（キリスト教における旧約聖書）を聖典として信じています。ユダヤ教ではこの聖書のことをタナハ（Tanakh）といい、これはトーラー（「モーセ五書」）、ネイビーム（「預言者」）、カトビーム（「諸書」）のそれぞれの頭文字をとったものです。キリスト教の旧約聖書と内容は同じですが、順番や分類が若干違います。

トーラーはモーセ五書といわれる「創世記」「出エジプト記」「レビ記」「民数記」「申命記」を指しています。

これらはキリスト教徒にも、さらにはイスラム教徒にも共有されていますので、主要な内容はぜひとも把握しておいていただきたいと思います（もっとも、イスラム教徒の場合はコーランを圧倒的に重視しているので、これらのモーセ五書が直接的に引用されることは少ないでしょう）。天地創造から人類の発祥、ユダヤ人の歴史が描かれています。

天地創造は、一神教の信徒にとって大変重要なことでたとえば、アメリカ・ケンタッキー州には「天地創造は科学的に実証できる」と信じている人に向けて「創造博物館」があるほどです。

天地創造によれば「神は、第一日目に、天（宇宙）と地（地球）をつくられ、光をつくることで昼と夜をつくられました。二日目には天（空）、三日目には大地と海と植物、四日目には太陽と月と星、五日目には魚と鳥、六日目には獣と家畜と人間をつくられ、七日目にはお休みになった」とされています。現在でも一週間は七日であり、そのうちの一日が休みなのは、神様が七日目にお休みになったことからきていることはすでにお話ししました。

このような天地創造を信じる人のなかには、進化論を否定する人たちもいます。また、地球が太陽よりも先にできたとする点で、一般的に信じられている宇宙の歴史を否定する人もいます（進化の過程や、ビッグバンに神が介在したという考え方をする人たちもいます）。

こうした背景から、「そんなのは古い聖書に書かれている単なる物語だ」とは安易に言わないほうが良いでしょう。**アメリカには福音派と呼ばれる人々をはじめ、聖書に書かれていることは真実であると信じている人がたくさんいるのです。**

この天地創造の次には、これも非常に有名な「アダムとエヴァ（イブ）」が登場します。アダムは神によって創造された最初の人間です（ユダヤ教では最初のユダヤ人との解釈もあります）。

神はアダムが一人であることをかわいそうに思い、アダムの肋骨《ろっこつ》からエヴァをつくり妻としましたが、これを男女差別的であると感じる人もいるでしょう。

ここで神は非常に重要な次のような言葉を発します。

産めよ、増えよ、海の水に満ちよ。鳥は地の上に増えよ。

我々にかたどり、我々に似せて、人を造ろう。そして海の魚、空の鳥、家畜、地の獣、地を這うものすべてを支配せよ。

（いずれも「創世記」第一章）

これらの言葉が重要であるポイントは二つ。一つは**「産み増やせ」という多産の奨励。**一神教には、子どもを多く産み育てろということが神の言葉として存在するのです。

もう一つは、**「動植物を支配せよ」という人間の優位性。**この点は、仏教が動植物も含めて一体であるという考え方（ただし仏教にも諸説あります）とは異なります。

『アダムとエヴァ』デューラー作

アダムは神に「善悪の知識の実を食べてはならない」と命じられていましたが、エヴァは蛇に誘惑されて木の実を食べてしまいます。エヴァは、さらにアダムにも食べるようにすすめるのです。キリスト教では、アダムが神の命令を聞かなかったことを「人類の悪への傾向性」と考えています。ここから原罪の考えが生まれました。原罪は、キリスト教を理解するために非常に重要なので第3章で詳しく説明します。一方、ユダヤ教にはこの原罪の概念はありません。

さて、木の実を食べる二人を見た神は、エヴァには妊娠と出産、アダムには労働という苦難を与え、二人のいる園（エデンの園といわれます）から追放しました。この物語は、一七世紀のイギリス人作家ミルトンの「失楽園」や、有名なジェームス・ディーン主演の映画「エデンの東」など様々な作品のモチーフになっています。

アダムとエヴァの子どもがカインとアベルの兄弟です。兄のカインは農耕、弟のアベルは放牧を職業としていました。ある時、神への供物としてカインは農作物を、アベルは子羊を捧げます。神がカインの供物を無視したので、恨んだカインはアベルを殺害した――これが人類初の殺人といわれています。

このカインとアベルの話もとても有名で、ルーベンスの絵画などに描かれています。

『カインとアベル』ルーベンス作

その後、人類のなかに堕落した生活を送る者が増えたとして、神は正しい生き方をしていたノアを除く人間を洪水によって滅ぼそうとします。ノアが自分の家族とつがいの動物を方舟《はこぶね》に乗せて洪水が収まるのを待ったのが、有名な「ノアの方舟」です。

始まりはアブラハム

ユダヤ教の本格的なストーリーは、メソポタミアに住んでいたアブラハムという人が、「神の地カナン（今のパレスチナ）に移住しなさい」と神に命じられたことから始まります。移住すれば神はその地をアブラハムに与え、子孫に受け継がせるという約束だったことから、カナンは「約束の地」とも呼ばれています。

また、アブラハムは神から「わたしは君との間にわたしの契約を与える。わたしは君の子孫を大いに増し加える」（「創世記」）との言葉も受けます。これが、神とユダヤ教徒との契約の根拠になっており、ユダヤ教徒の繁栄を神が約束したと捉えられる理由です。契約とは、神の教えを守ることでユダヤ教徒の子孫が繁栄することです。

日本人にはあまり重視されていないように感じるのですが、**アブラハムは聖書における最重要登場人物の一人。**子どもが二人いて、兄のイサクがまさしくユダヤ人につながり、弟のイシュマエルの子孫がアラブ人になったといわれます。神はアブラハムを試すために愛息イサクを殺すように命じますが、アブラハムが神の教えを守ることがわかったので、殺す直前に停止させるという「イサクの犠牲」も世界では非常によく知られた話です。

アブラハムは、英語ではAbraham。アメリカ大統領で奴隷解放を実現したリンカーンなど多くの人の名前であり、アラビア語でもイブラヒームという名前の人がたくさんいます。キリスト教徒にもイスラム教徒にも、ユダヤ教徒にも重要な名前であるというのは、三つの一神教に共通項がある一例と言えるでしょう。

アブラハムは、神の命に従いカナンの地に移動しました。ユダヤ人がカナンの地を自らの土地であると主張する根拠はここにあります。現在の中東だけでなく世界における大きな紛争問題であるパレスチナ問題を理解するには、こうした聖書の記述への理解が不可欠なのです。

知らないと恥をかく！「出エジプト記」

次に覚えておきたいユダヤ教のポイントが、「出エジプト記」。やはり神話的ですが、文学、絵画、映画などでしばしばモチーフとなるストーリーです。

紀元前一三世紀、舞台はエジプト。

アブラハムの子孫であるユダヤ人はエジプトに渡って一時は活躍していましたが、次第に異民族として差別されるようになり、奴隷として強制労働をさせられています。

ユダヤ人のモーセは幼い時に捨てられ、たまたま拾われたことでエジプトの王ファラオの子として育てられ、ミディアンの地（今のアラビア半島）で羊飼いとして暮らしていました。そんなある時、「ユダヤの民を救いなさい」という神の声を聞きます。

そこで、モーセは自らがユダヤ人であることを知り奮闘することになります。

いくつかの奇跡もあって、モーセはユダヤの民を解放しますが、モーセ一行がいざエジプトを出て約束の地カナンを目指そうとすると、ファラオの軍が追ってきます。

後ろにファラオの軍、目の前は海。そこで行き詰まったモーセが手を上げると、海が二つに割れて道ができた――**これが聖書の「出エジプト記」で、エクソダス（脱出）の言い回しはよく使われます。これは知っていて当たり前、知らないと恥をかく話です。**

モーセ一行がエジプトを脱出した日は、ユダヤ教にとって重要な日。今も「過越《すぎこし》の祭り」という ユダヤ教徒の行事があります。年によって移動しますが、おおむね四月に行われ、一週間程度休みになります。過越の祭りは、ユダヤ教徒の贖罪《しょくざい》を神に祈る「贖罪の日（ヨムキップル）」や「ハヌカー」と並んで、ユダヤ教徒にとって重要な祝日です。

「モーセの十戒」は、ユダヤ教の基本中の基本

割れた海を歩いて渡り、無事にエジプトを脱出したモーセ一行は苦労しながらカナンを目指します。その途中のシナイ山で、モーセは神から「十戒」を授かります。

十戒には「他の神を信じてはいけない」「偶像崇拝は禁止」「神の名前を唱えないように」など、神と人との関係はもちろん、「人を殺してはいけません」「盗みもダメ」「父母を敬いなさい」「安息日には休みなさい」などと書かれています。

このあたりのエピソードは聖書の「出エジプト記」にありますが、それに続く「レビ記」や「申命記」に金曜日の日没から土曜日の日没までの安息日には働いてはいけない（ユダヤ教徒の休日は土曜日）ことや、食事についての規定である「カシュルート」、男児の割礼などの律法が記されています。

また、ユダヤ教においてヘブライ聖書に続く聖典とされる「タルムード」は、ユダヤ教に則った生活や信仰を述べたものです。「ラビ」というユダヤ教の指導者たちが文書にまとめました。膨大な量で、今もユダヤ人の指針となっています（タルムードのユダヤ人への影響については後述します）。

Judaism 03

ユダヤ二〇〇〇年の離散の歴史

「バビロンの捕囚」が国を持たないユダヤ民族の始まり

モーセは残念ながら旅の途中で死んでしまいますが、後継者がカナンの地に戻り、紀元前一一世紀にはイスラエル王国ができます。初代国王サウルよりもよく知られているのは二代目で羊飼い出身のダビデと、三代目となるその息子のソロモンです。**ダビデとソロモンの時代の繁栄こそが、現在のユダヤ人にとって理想の姿なのです。**

この二人の王の話はユダヤ教徒にもキリスト教徒にもよく知られたものが多くあります。当時のイスラエル王国は周辺民族であるペリシテ人と闘っていました。ペリシテ人の屈強な兵士がゴリアテです。身長が三メートル近くあったといわれるゴリアテを、ダビデは石を投げて倒し、ゴリアテが持っていた剣を抜いて彼の首をはねました。

名を馳せたダビデは、羊飼いという当時下層とされた階級出身でしたが、イスラエル王国の王になります。ユダヤ教では、優秀な者が神の思し召しによって王になるという考えがあります。実質は衆目の一致する優秀な人材を神の名を借りて王にするのです。ユダヤ式の優秀な人材選抜方法です。

ダビデはエルサレムを首都と定め、四〇年間にわたり中央集権的な王国を治め、ユダヤ人繁栄の礎《いしずえ》となりました。

ユダヤ人にとって最高の英雄ともいえるダビデ王。現在のイスラエル国旗の六芒星《ろくぼうせい》（ヘキサグラム）がダビデの星といわれるように、現在でも崇拝の念が続いています。

そして、ダビデの子どもで第三代の王がソロモンです。ソロモンはエジプトなど周辺国と政略結婚をすすめるなどして、王国を政治的に安定させました。

ソロモンはまた、エルサレムに神殿を建設して、ユダヤ教徒にとってのエルサレムの重要性を高めました。この神殿は何度か破壊されるのですが、後述するバビロン捕囚後やヘロデ王の時代に改修され、現在は「嘆きの壁」の名で外壁の一部が聖地として残っています。

ユダヤ人がエルサレムを聖地と考える根拠が、このソロモン王の時代の神殿建設にあることは押さえておくといいでしょう。

「律法を守って暮らせば、ユダヤの民は繁栄します」

これが神とユダヤの民の契約であり、二人の王によって最盛期を迎え、繁栄しました。ところが紀元前九二八年、国は南北に分裂してしまいます。

北のイスラエル王国は紀元前七二二年にアッシリアに滅ぼされます。南のユダ王国も紀元前五八六年に、新バビロニアという今のイラクの地域にあった王国によって滅ぼされます。

ここで有名なのが、「バビロンの捕囚」。ユダ王国の民はバビロンに連れていかれ、およそ六〇年も囚われの身となります。この前後の時代に神の教えが整理されてバビロニア・タルムード（現在タルムードとして認識されているもの）という形にまとめられたといわれています。

「神の教えを守っているのに、なぜこんな悲惨なことになるのだ」というのが歴史的にユダヤ人の根底にある思いですが、その思いはバビロン捕囚時代から続いているのです。

紀元前五三九年、ペルシャのキュロス二世が新バビロニアを滅ぼしたことにより、ユダヤの民はついにエルサレムに帰還し、ユダヤ教徒の国が復活しました。

どこへ行ってもユダヤ人はユダヤ人

ユダヤ王朝の復活は一時的なものでした。紀元前後には帝政ローマ帝国に支配され、ユダヤは属州となってしまいます。

いくつかの敗戦を経て、二世紀頃から本格的なユダヤ人の離散（ディアスポラ）が始まります。ユダヤ人はヨーロッパ各地に散らばり、アフリカやエチオピアに移った人もいます。中欧や東欧、後に北米にも広がったユダヤ人を「アシュケナズィ」、スペインや広義ではイスラム世界に広がったユダヤ人を「スファラディ」と呼びます。「ユダヤ人はこんな人」と特徴を挙げることがありますが、離散後に住んだ地域の気候やその地域の人と結婚し子どもが生まれたことの影響もあり、実際は黒人から白人まで様々です。

私は二〇一八年にイスラエルを再訪しましたが、アフリカ系の人々が増えていることに驚きました。アフリカ出身のユダヤ人が多くイスラエルに「帰還」しているためです。

「民族」の定義は一般に、同じ文化、言語を共有している集団とされています。**ユダヤ人の場合、スペインに住めばスペイン語、ロシアに住めばロシア語を話しますが、ユダヤの宗教に根ざしたユダヤ文化だけは絶対に守り続けました。**

後から生まれたキリスト教が主流となって以降のヨーロッパは、中世までは「白人のキリスト教徒」が中心の世界でした。ごく一部、アフリカなどから奴隷として連れてこられた人がいる程度で、アジア人はほぼいません。そのなかでユダヤ人たちは、迫害されながらもあくまで「ユダヤ人」として暮らし続け、就ける職も限られていたために金融業などで生計を立てました。

一六世紀に書かれたシェイクスピアの『ヴェニスの商人』には、金貸しのシャイロックが大変強欲な人間として描かれており、当時のヨーロッパ人のユダヤ人への偏見を知るには役立つ本です。もっとも、現在ではユダヤ人への差別的な記述が多いということで問題視されている作品ということも知るべきでしょう。

また、一九世紀にはロシアでユダヤ人を殺戮するポグロムが発生。この時の様子は有名なミュージカルであり映画にもなった『屋根の上のバイオリン弾き』で非常にわかりやすく描かれています。

ユダヤ人がヨーロッパで差別、迫害を受けていた歴史的なトピックとして、一四九二年のスペインにおけるユダヤ人追放が挙げられるでしょう。一四九二年というとスペインでレコンキスタ（キリスト教徒による国土回復運動）の結果、イスラム教徒が追放された年（またコロンブスが新大陸に到達した年でもあります）ですが、ユダヤ人にとっては当時のヨーロッパの強国であるスペインから追放された屈辱の日なのです。追放されたユダヤ人のなかには、当時の地中海で覇権を握りつつあったオスマン帝国に移った人も多くいました。イスラム教国であるオスマン帝国のほうが異宗教に寛容だったのです。

このようなヨーロッパにおけるユダヤ人迫害のなか、一九世紀末、「ユダヤの地に帰ろう」というシオニズム運動が始まったものの、なかなか進まないうちにナチスによるユダヤ人排斥が始まり、ユダヤ人虐殺（ホロコースト）となります。

一九四七年にパレスチナの分割決議がなされ、一九四八年にイスラエルが建国されるまでの二〇〇〇年。**これほどの長きにわたって、世界に散らばりながらもユダヤ民族としてのアイデンティティを保ち続けたのですから、他の民族では考えられない特異性です。**

今でもユダヤ教徒のその姿勢は変わらず、男性のユダヤ教徒には、キッパと呼ばれる小さい帽子を頭につけている人が多くいます。また、ユダヤ教のなかで正統派とされる宗派のうちハシディズム派と呼ばれる人たちは、黒いシルクハットをかぶり、もみあげを長くして伝統を守っています。その他の宗派としては、比較的リベラルとされる改革派や改革派と正統派の中間に位置するとされる保守派があります。

ユダヤ教の礼拝所はシナゴーグと呼ばれ聖書朗読や礼拝、結婚式などが行われるユダヤ人にとって大事な場所です。

Column 英語に強くなる聖書の言葉

〈旧約聖書編〉

　旧約でも新約でも、聖書に出てくる逸話や言葉は西欧の社会や文化に染み込んでいます。ユダヤ教徒・キリスト教徒との会話のみならず、映画やニュースのなかに普通に出てくる言葉ばかりです。
　ここで、知っていて当たり前という「旧約聖書」に出てくる言葉をいくつか挙げておきます。これに限らず聖書に出てくる基本的な英語表現は、ぜひとも押さえておきましょう。

Genesis　「旧約聖書」の冒頭にある「創世記」のこと。神による天地創造や有名なノアの方舟、ユダヤ人の祖とされるアブラハムとその子孫の活躍や苦難について書かれている。創世記の概略については、ユダヤ教徒、キリスト教徒、イスラム教徒にとって必須の知識。

Noah's Ark　ノアの方舟のこと。人類が悪行を重ねたことに腹を立てた神が人類を滅ぼすが、方舟に乗ったノアの家族とすべての生き物の雄雌のペアの命は助ける話。
　ノアの子孫はその後ユダヤ人の祖先となる。選ばれた者が生き残ることの寓話としても使われる。

Exodus　前述した通り、「旧約聖書」の一部を構成する「出エジプト記」のこと。預言者モーセが迫害されていたユダヤ人をエジプトからの脱出へと導く話が中心である。
　シナイ山において神から十戒を賜る話も含まれる。「脱出」と訳されるが、より良い場所に向かうというポジティブな場合に使われることが多い。

The Ten Commandments　「出エジプト記」の十戒のこと。ユダヤ教徒にとって極めて大事な戒律。

Scapegoat　「旧約聖書」の「レビ記」に出てくる話で、他者の罪をつぐなうために砂漠などに放出されるヤギのこと。生贄《いけにえ》。
「彼はスケープゴートにされた」と日本でも普通に使われているが、もともとは聖書からきている。

Judaism 04

なぜユダヤ人には成功者が多いのか?

ビジネスマインドあふれる「タルムード」

「ユダヤ人は大金持ちで成功者が多い」

「ユダヤ人は優秀だ」

こんなイメージを抱く人もたくさんいますし、実際にたくさんの成功者がいます。スターバックス、リーバイスの創業者はユダヤ人（ユダヤ系を含む）ですし、アインシュタインもユダヤ人。世界人口のわずか〇・二五％のユダヤ人が、ユダヤ系を含めるとノーベル賞受賞者の二〇％を占めているといわれています。『フォーブス』の長者番付で常に上位を占めているのもユダヤ人です。

ユダヤ人がこれほどまでに優秀な理由は二つあると、私は考えています。

一つは、ヨーロッパで圧倒的に少数派であり、キリスト教徒でないために差別されていたから。政治家や官僚など、その国のメインストリームに行くことは難しく、ビジネスや金融、科学や芸術など自らの才覚で人生を切り拓こうとしていたためでしょう。

そしてもう一つ、とても大きな理由はモーセが伝えたユダヤ教徒の守るべき聖典の一つとされているタルムードの存在です。宗教にはそれぞれ聖典がありますが、タルムードは他の宗教に比べて現実世界における成功や繁栄につながる内容がかなり多くあります。「ビジネスパーソンの指南書」たる要素すらあると感じます。

たとえば「学ぶことが大切だ。常に新しいことを学びなさい」などといった教えがあり、なにより特徴的なのが、約二〇〇〇年も前から生産性について述べられていること。「時間当たりの成果をちゃんと意識しなさい」と明記されており、驚きます。

差別されてメインストリームに行けない時点でいじけてしまいそうなものですが、ちゃんと学んで成果を上げる、これはタルムードのおかげと言っていいのではないでしょうか。アメリカやイスラエルでスタートアップが多いのも、さもありなんです。他の宗教にも優れた教えがたくさんありますが、現代のビジネスパーソンに直結する教えがあるのはタルムードが一番と言えそうです。

ユダヤ教のお金感覚とは？

旧約聖書のレビ記、申命記には「異邦人に貸しつけるときは利子をつけても良いが、あなたの兄弟から利子をとってはいけない」という旨の記述があります。これは、親戚とユダヤ人以外からは利子をもらっていいということ。

キリスト教では利子は認められておらず、中世のヨーロッパ社会では、キリスト教徒がお金を貸して利子で儲けるというのは良くないこととされていました。

そこでユダヤ教徒が金融業を担ったという歴史から、「お金に強いユダヤ人」が生まれたと言われています。

「消費はいけない。投資をしなさい」とあるのも特徴的だと思います。

ユダヤ教で押さえるべき戒律

律法がしっかりとあり、「ルールを守りなさい！」という主張の強さでは、ユダヤ教は5大宗教のうちトップと言っていいでしょう。

ユダヤ教には律法（ミツヴァ）が六一三あり、そのうち、「してはならない」というのが一年の日数と同じで三六五あります。それを厳しく守っている人たちとつき合うには、NGポイントを押さえておくことが重要です。

1　食事の戒律に気を遣わないのはNG

イスラム教がルールに厳しいことはよく話題になりますが、日本のビジネスパーソンがユダヤ人の取引先を日本でもてなすとしたら、イスラム教の人よりも難しいのではないでしょうか。

「カシュルート」と呼ばれる食事の規定ではヒレ、ウロコのないシーフードはNG。肉と乳製品を同時に使ったものもNGなので、チーズとサラミを使ったピザやチーズバーガーは無理です。血の摂取禁止、蹄が完全に分かれ反芻する（食物を口で咀嚼し、反芻胃に送って部分的に消化した後、再び口に戻して咀嚼するという過程を繰り返すこと）四つ足の動物は食べて良いなどの規定もあります。そのため反芻しない豚はダメということになります。

2　「土曜日＝安息日」と知らないのはＮＧ

休日はビジネスパーソンにとって影響が大きく、スケジューリングの際は注意すべきです。安息日（シェバト）は土曜日で、イスラエルでも金曜日の夕方から土曜の夕方までの二四時間は完全に休み。ありとあらゆるものが止まるので、出張の際にはくれぐれもご注意を。

この安息日を単に休みの日と捉えてはいけません。安息日において大切なのは、「日常生活から離れ、本質的なことを深く考えること」なのです。安息日の存在にも、ユダヤ人が世界で活躍している要因があるようです。

3　割礼について無知なのはＮＧ

聖書であるモーセ五書には、「男子は割礼をすべし」と何度も出てきます。男子の割礼はユダヤ教徒として必須のものと捉えられています。割礼について否定的な発言は絶対に避けるべきです。

第3章

キリスト教

世界のルール・ルールをつくった「西洋文化のルーツ」

Christianity

Christianity 01

「教養の基礎」としてキリスト教は必須科目

英語を話したければ聖書を学べ

「グローバルに働きたいなら英語はマストだけれど、どうも苦手だ」もしもあなたがそう感じているなら、キリスト教を知ることは大いにメリットとなります。日本人が英語に弱いのには様々な理由があると思いますが、「聖書を知らない」「キリスト教文化に弱い」というのも理由の一つです。

なぜなら、英語には聖書由来の語彙や表現がたくさんあります。また、キリスト教文化を知っているという前提での会話も珍しくありません。

英字新聞を読む際、「辞書で単語を調べてもわからない」と感じるのは、聖書やキリスト教の言い回しの引用や語呂合わせが多いためです。

大統領、学者、スポーツ選手や経営者のスピーチ、TEDトークにもしばしば聖書の言葉が引用されています。キリスト教の英語ネイティブとの会話で聖書の言い回しをうまく使うことができれば、洗練された印象となります。

そこまでのレベルに到達するのはなかなか難しいかもしれませんが、相手の表現を理解できるだけでかなり違います。日英対訳聖書を一冊手に入れておくと、アドバンテージとしてじわじわ効いてくるはずです。プロローグで述べた通り、美術、音楽、文学、哲学のベースにはキリスト教があります。聖書とともにポイントを押さえておきましょう。

アメリカ大統領は、一人を除いてプロテスタント

また、キリスト教を知ると英語に強くなり、教養の基礎となるばかりでなく、アメリカがよくわかるようになります。アメリカは日本と関係が深い国ですし、世界経済にも大きな

影響力を持っています。前述した通り、アメリカは非常に宗教的な国で「神を信じている人」の比率が高く、教会に行って祈りの時間を持っている人も多いというデータがあります。たとえば、Pew Research Center が実施した調査（二〇一五年）では、アメリカ人の八九％が神を信じていると答えており、他の欧米諸国と比較しても高くなっています。

アメリカがキリスト教的な国である例の一つは独立宣言。アメリカの歴史のなかで最も重要な政治文書の一つですが、創造主によって権利が与えられるという内容が出てきます。一神教に疎い日本人にはやや理解が難しいのですが、多くのアメリカ人にとってすべてのものは創造主から与えられたものなのです。

また、一ドル紙幣には「IN GOD WE TRUST」と刷られていますが、アメリカを建国したのが一七世紀にイギリスから移り住んできたキリスト教徒（プロテスタント）が中心だったためでしょう。

歴代大統領は一人を除いてプロテスタント。その唯一の例外がカトリック教徒のケネディ大統領であり、「国に忠誠を尽くすのではなくローマ教皇に忠誠を尽くすかもしれない」と、当時はずいぶん議論になりました。

ローマ・カトリックとプロテスタントの違いも本章で改めて確認しておきましょう。

Christianity 02

キリスト教はいつ、どのように生まれたのか

イエスは神か人間か

ユダヤ教の聖書「ヘブライ聖書」はメシア（救世主）が現れる、というところで終わっており、イエスこそ救世主であるというのがキリスト教の考えです。ちなみに、「キリスト」とはギリシャ語で「救世主」の意味。

当時のユダヤ教徒から見れば、「反体制的なイエスがキリストなんてとんでもない！」と

いう位置づけです。ユダヤ人社会で力があり政治抗争を続けていたパリサイ派（律法重視）もサドカイ派（政治や神殿重視）もイエスの行動については一致して反対しました。だからこそイエスをユダヤ教の裁判にかけて、帝政ローマ帝国が処刑する道筋をつくったのですが、これがヨーロッパでのユダヤ人迫害の歴史につながります。二一世紀を迎えた今も、ユダヤ教は「救世主はまだ現れていない」としています。

イエス・キリストの誕生日であるクリスマスに比べると、復活を祝う復活祭（イースター）は日本ではやや知名度が落ちますが、キリスト教徒にとっては同様に大切なものです。もう一つ大事な祝日は、ペンテコステ（聖霊降誕祭）です。こちらは、復活祭よりさらに日本では知られていません。イエスが復活して五〇日目（昇天後一〇日目）に聖霊が降りてきたという新約聖書の記述からきています。神を信じ、聖書の福音に従うことで、最後の審判を経て天国に行けると説いています。

隣人愛を重視していることからキリスト教は「愛の宗教」と言えます。

また、キリスト教には三位一体という概念があります。父なる神、子なる神、聖霊なる神という三位を神が持っているという考え方です。

キリスト教の聖書は、旧約聖書とともに新約聖書が加わります。旧約聖書がユダヤ人の言語であるヘブライ語で書かれているのに対して、新約聖書はキリスト教が誕生した時期の国際語であるギリシャ語で書かれています。国際語であるギリシャ語で書かれたことがヨーロッパに広がった理由の一つ。現在でも国際語である英語で発信したほうが、日本語で発信するよりもはるかに伝播力があるのと同じです。

新約聖書は、イエスの生涯の行動と言葉である「福音書」、初期のキリスト教の歴史でありペトロやパウロの伝道の話などが中心の「使徒言行録」、パウロなどが書いた「書簡」、イエスの再臨などについて書かれた「ヨハネの黙示録」に分かれます。書いた人も書かれた時期も様々です。

世界一有名な歴史上の人物イエスの生涯

それでは、世界一有名な歴史上の人物（キリスト教徒にとっては神の子）と言えるイエスの生涯を、福音書の記述にもとづきながら振り返ってみましょう。

福音書には、作者の名にちなんでマタイ、マルコ、ルカ、ヨハネの四つがあります。作者が違うので内容も神学的に違いがありますが、ある程度共通とされる内容から、ぜひ押さえてもらいたいイエスの生涯をお伝えします。

聖母マリアのもとに天使ガブリエルが降り立ち、聖霊によって神の子を身ごもったことを告げられる――これが大変有名な受胎告知。多くの画家がこの受胎告知について描いているので、見たことのある人も多いでしょう。キリスト教徒にとってはとても重要な主題になります。

受胎告知を経て、イエスは紀元前四年、ヨルダン川西岸にあるベツレヘムで生まれたとされています。よく知られる一二月二五日は後にイエスが生まれた日として設定されたとの見方が有力です（本当は一二月二五日に生まれたのではない）。イエスの誕生（降誕と言います）は、ルカとマタイの福音書に書かれています。

イエスは、ナザレで父ヨセフと母マリアのもとで育ったとされています。イエスが一二歳の時に、ユダヤ教のラビたちと聖書について語り合うエピソードがあるなど、子ども時代から聡明であったことがうかがえます。

ヨルダン川で洗礼者ヨハネから洗礼を受けた青年イエスは、荒野にて四〇日間の断食と悪魔からの誘惑を経験します。キリスト教徒も断食をすることがありますが、おそらくイエスの断食に倣っているのでしょう。

その後イエスは、ガラリアの地で宣教を始めます。主要な弟子である十二使徒や女性信者を従え、病人を治癒させるなど様々な奇蹟を起こしながら各地で説教をします。

マタイとルカの福音書にある「山上の垂訓《すいくん》」に収められているのは、新約聖書におけるイエスの言葉のなかでハイライトとも言える珠玉の言葉。聖書を読んだことがない人でも聞いたことがあると思います。

悪人に手向かってはならない。だれかがあなたの右の頬を打つなら、左の頬をも向けなさい。あなたを訴えて下着を取ろうとする者には、上着をも取らせなさい。

敵を愛し、自分を迫害する者のために祈りなさい。

求めなさい。そうすれば、与えられる。探しなさい。そうすれば、見つかる。門をたたきなさい。そうすれば、開かれる。

イエスは、多くのたとえ話を用いて教えを伝えていますが、特に有名でキリスト教徒との会話に日常的に出てくるのが、「善きサマリア人」の話です。

サマリア人は、当時サマリア地方にいた一民族で、イエスが生きていた当時ユダヤ人と対立していました。強盗に遭い、瀕死の状態になったユダヤ人がいた時に、ユダヤ人司祭やレビ人は無視して通りすぎたのですが、サマリア人は助け、宿まで連れていきました。イエスはこのサマリア人のように隣人を愛しなさいと説いたのです。

キリスト教における隣人愛の象徴と考えられています。ビジネスパーソンであれば、Good Samaritanのフレーズは押さえておきましょう。

『善きサマリア人』ゴッホ作

イエスの教えが広まるとイエスが旧約聖書における救世主であると考える人も増えてきました。これを快く思わないのは、ユダヤ教徒の指導者層です。イエスを救世主と認める人が増えると民衆蜂起などが起きて、当時の支配者であったローマ帝国から責任を追及される恐れがあったからでした。

このような状況のなか、イエスはユダヤ教の聖地であるエルサレムに入場します。自らの逮捕、処刑を予知していたイエスは一二人の弟子と共に最後の晩餐を取ります。この最後の晩餐で重要なことは、**パンとワインをそれぞれ自分の体と血にたとえて弟子に与えたこと**。キリスト教の重要な儀式である聖餐式《せいさんしき》で今でもパンとワインが供されるのはここからきています。

イエスはまた、弟子のうち一人が裏切ること（ユダの裏切り）、イエスの苦難の際に弟子が逃げてしまうこと、弟子のペトロがイエスのことを三度否定することなどを予言します。

ユダの裏切りによりイエスはゲツセマネの園で祈った後に逮捕されます。その後の裁判でイエスを処刑せよとのユダヤの群衆の声に押され、罪がなかったにもかかわらず、総督ピラトはイエスを群衆に引き渡しました。

イエスは十字架を背負って、ヴィア・ドロローサといわれる道を歩いてゴルゴタの丘にたどり着きます。ヴィア・ドロローサは現在もエルサレムの旧市街に残っていますし、ゴルゴタの丘は聖墳墓教会が建っているあたりだったとされています。

イエスの磔《はりつけ》は、アダムとエヴァが禁断の実を食べて以来、原罪を負った人間を解放するためにイエス自ら望んだことだと解釈されています。このことを「贖罪」と言います。

処刑の三日後の日曜日に、イエスは復活して弟子の前に現れます。この復活はすべての福音書に書かれており、キリスト教の信仰の中心となるものです。復活を祝うのが復活祭です。

復活したイエスは昇天します。

ここまでがイエスの復活・昇天までの生涯です。イエスは、最後の審判の際に再臨すると考えられています。最後の審判はまだきていないわけですから、多くのキリスト教徒は死んだ人を含めて、イエスの再臨を待っていることになります。

昇天後一〇日後に聖霊が降誕したことを祝うのが、先にお話ししたペンテコステです。

「情熱のペトロ」と「語学力のパウロ」

イエス・キリストには弟子が一二人いました。レオナルド・ダ・ヴィンチの『最後の晩餐』に描かれている「十二使徒」です。

一二人のリーダー、イエスの第一の使徒は漁師出身のペトロ。イエスが罪人とされたときは、裏切ったりする人間臭さがあるペトロですが、すぐに悔い改め、十字架と復活の福音を広めようと情熱的に活動します。

彼は十字架と復活を広めたキーパーソンの一人であり、伝承によるとローマ皇帝ネロに処刑されます。ネロは暴君ともいわれた皇帝で、キリスト教徒の弾圧で知られています。

ペトロが殉教したとされる土地に立っているのが、バチカン市国の中心でありローマ・カトリックの総本山「サン・ピエトロ大聖堂」で、ペトロは初代ローマ教皇とされています。なお、ペトロは英語ではピーターとなり、キリスト教徒にピーターという名前が多いのも、ペトロに対する敬愛の念があるからでしょう。

もう一人、覚えておきたい弟子はパウロです。十二使徒のメンバーではなく、イエスとは面識がないといわれています。そんな彼が、なぜキーパーソンなのでしょうか？

パウロはもともとイエスを弾圧するユダヤ教徒でした。ところが今のシリアのダマスカスに向かう途中で、復活したイエスの声を聞いたことで回心し、キリスト教徒になります。そもそもイエス・キリストはアラム語を話す人でした（ヘブライ語を話したとする説もある）。ところが、当時の国際語はギリシャ語。ギリシャ語が話せるパウロが伝道の旅に出たことで、キリスト教はヨーロッパに広まり、世界宗教となるきっかけができました。

パウロも最後は殉教します。ペトロとパウロが殉教しただけでなく、当初のキリスト教徒はローマ帝国から断続的に弾圧されました。

キリスト教が徐々にローマ帝国内で広がった理由として、病の人に寄り添い、ケアしたことが挙げられます。栄養や衛生管理によって伝染病の致死率が下がったことで、入信者が増えていったのです。また、キリスト教により嬰児《えいじ》殺しなどもなくなっていきました。

こうしてキリスト教徒の勢力はもはや侮れなくなり、ついにローマ帝国は三一三年のミラノ勅令でキリスト教を公認。さらに、三九二年にはキリスト教がローマ帝国の国教になります。これ以降、キリスト教が他の宗教を排除するヨーロッパの歴史が始まります(もっとも、ヨーロッパ全体にキリスト教が広がるまでには数世紀を要します)。

また、初期のキリスト教において多大な思想的貢献をした人物として、ローマ帝国がキリスト教を国教化した直後の五世紀初頭に北アフリカを拠点に活躍したアウグスティヌスを忘れるわけにはいきません。彼は、キリスト教を国家に奉仕するものではなく、神の国をこの世に出現させるためのものとしました。

神とイエスと聖霊の三位一体説を体系化したのも彼の功績です。アウグスティヌスの著書である『告白』や『神の国』は、後のルターなどにも影響を与えたといわれます。

Christianity 03

東方正教会とローマ・カトリックの基礎

東西分裂で東方正教会とローマ・カトリックが誕生

他民族からの外圧や内政不安で弱体化していたローマ帝国は、キリスト教の国教化のわずか三年後、東西に分裂します。これに伴いキリスト教も二つに分かれます。

西ローマ帝国は、四七六年に西ローマ帝国の傭兵隊長オドアケルによって滅亡。その後、西ローマ帝国の領域はフランク王国の支配地域となっていきます。やがて、現在のスペインと北欧を除く西ヨーロッパの大半を支配するようになるフランク王国がキリスト教を受容したことで、キリスト教は西ヨーロッパに広がりました。

しかし、全ヨーロッパにキリスト教が伝播するには、相当の年月がかかりました。イングランドへの本格的な伝播は六世紀頃、北欧はさらに遅く本格的な伝播は一一世紀でした。

フランク王国のカール大帝は、八〇〇年にローマにて、教皇からローマ皇帝として帝冠を授かりました。ローマ教皇から世俗界を支配する者として認められたのです。これは世俗権力がローマ教皇の下につくという中世の聖俗秩序を象徴する出来事でした。

このような教皇による帝冠の授与はフランク王国の後継者的な立ち位置になる神聖ローマ帝国においても続けられました。

映画や海外のテレビドラマで神聖ローマ帝国皇帝の戴冠式が描かれることがありますが、皇帝といえどもローマ教皇の前では平伏します。いかにローマ教皇が力を持っていたかがわかる場面です。

さて、話を東西分裂後の話に移します。

東西の教会には、以下のような特徴がありました。

東方正教会は、コンスタンティノープルが拠点。東ローマ（のちにビザンツと呼ばれるようになります）皇帝が教会のトップとなったために、政治権力と宗教的権力が完全に結びついていました。これが東方正教会の始まりで、スラブ民族に多く広まりました。

現在ではギリシャ正教会、ロシア正教会など、国の名前がついています。ちなみに、日本の御茶ノ水にあるニコライ堂は、ロシア正教会です。

一方、西側にあたるローマ・カトリックは、ローマが拠点。初代のパウロから続くローマ教皇がすでに存在していたので、政治権力と宗教的権力は離れています。

ローマ帝国の分裂後、八世紀に東ローマ帝国のレオ九世が、当時台頭してきたイスラム教への対抗から聖像禁止令を発布しました。なぜなら、偶像崇拝を厳しく禁止するイスラム教がキリスト教を偶像崇拝をしているとして攻撃してきたからです。

しかし、ゲルマン人への布教のために聖画像を用いていたローマの教皇はこれに反発し、東西対立が深まります。

当初は拠点が異なるものの一つのキリスト教だった東方正教会とローマ・カトリックは、一〇五四年にお互いがお互いを破門するという形で分裂します。和解するのがなんと一九六五年ですから、同じキリスト教であっても、それぞれ独自の道を歩んだということです。

ちなみに「キリスト教＝ヨーロッパ」と考えている人が多いと思いますが、前述した通り中東が発祥の地ですから、「中東のキリスト教徒」は現存します。

エジプトのコプト正教会やシリア正教会、エチオピア正教会などのキリスト教徒は、五世紀のカルケドン公会議でイエスが神性と人性の両方を持つという両性説が否定されたことから「非カルケドン派」と呼ばれます。

これらの地域のキリスト教徒は、後の東方正教会とともに広い意味での東方教会と捉えられることがありますが、ギリシャやロシアの正教会とは教義に違いがあることに注意すべきでしょう。

Christianity 04

「西洋文化」のルーツはキリスト教にある

「ディベート文化」は十字軍、「プレゼン」は宣教師から始まった

政治権力と宗教的権力が離れていたローマ・カトリックですが、その後どんどん教皇の権力が強くなっていきます。有名なところで言うと、一〇七七年のカノッサの屈辱です。皇帝と教皇が対立し、皇帝のほうが折れて許しを請いに行ったのに、雪の降るなか無視され、三日間もバチカンの門の前で断食と祈りを続けたというものです。

また、一〇九六年からは、聖地エルサレムを奪還するための十字軍遠征が始まります。この頃、ビザンツ帝国は、七世紀初頭に誕生したイスラム教の勢いに押されつつあったため、分裂した西側に助けを要請します。フランク王国の一部を後継した神聖ローマ帝国が西ヨーロッパの広い地域を統治していましたが、「同じキリスト教」ということでこの時ばかりは東西が手を結んだということです。ヨーロッパ全土からキリスト教徒が結集して従軍しました。

一一世紀から一三世紀まで、なんと七回も遠征した十字軍。それほどまでにキリスト教を信じ、広めようとしていたのですが、領土や財宝の収奪を目的とする侵略戦争の側面もありました。

十字軍には、略奪などの目的もあったとはいえ、宗教が要因となって他国に攻め入るというのは、日本にはありません。やはり、宗教というものが持つ歴史的な意味合いが日本とは違うのです。

一三世紀には、イタリアの神学者トマス・アクィナスが、これまでのキリスト教学を体系的に整理した『神学大全』を著しました。体系的かつ理性的に整理する手法はスコラ哲学と呼ばれ、その後のヨーロッパの近代合理性の萌芽と見ることもできます。

現代の日本では「異教徒に厳しく、紛争が多いのはイスラム教」というイメージを抱く人が多いようですが、世界5大宗教のうち、布教に関連する戦争が多かったのは、後の宗教戦争を含めるとキリスト教であると思います。同じキリスト教徒のなかでも、異端者を見つけ出して弾圧することがあり、その一例が「魔女裁判」です。

キリスト教は愛の宗教であり、弱者への慈愛に満ちています。戦争や弾圧は歴史の一側面にすぎません。しかし、このキリスト教の一面が、「正否をはっきりさせるディベートを重視する」という今日の欧米の文化をつくりだしたと推測することもできます。

個人的な意見ではありますが、キリスト教の宣教師による伝道は、今のビジネスパーソンが用いるプレゼンテーションのルーツだと思っています。新約聖書は物語仕立てで面白く、巧みなたとえ話も盛り込まれていて、話術によって広めていくにはぴったりでした。

欧米社会は、言葉を重視するキリスト教文化の影響を強く受けており、グローバルなビジネスの場でもディベートやプレゼンが多く用いられます。ところが、日本のベースにあるのは「深遠なことは言葉では伝わらない」という、体感を重視する仏教文化。こうした点が、日本のビジネスパーソンが欧米社会で実力を発揮しきれない要因になっているように感じられます。

ローマ・カトリックのヴィジュアル戦略

ユダヤ教は「神とユダヤ人」の契約。キリスト教は「〈父なる神＋子なる神（イエス・キリスト）＋聖霊の三位一体〉と人間」の間の関係です。

ローマ・カトリックもこの原則に従うのですが、やがて三位一体と人間の間に聖職者が入るようになります。ローマ教皇をトップとするローマ・カトリックの聖職者たちです。

なぜなら、イエスの説教をまとめた聖書は、ギリシャ語で書かれたものが五世紀にローマ帝国の言葉であるラテン語に訳されました。普通の人はラテン語がわかりませんし、識字率もかなり低い。直接、神の教えを読めないのですから、聖職者の話を聞いて、「神父様、すばらしいお話をありがとうございます」と受け取るしかなかったのです。

さらに、カトリックは布教にあたって、もう一つの戦略を打ち出します。ユダヤ教同様、ローマ・カトリックでも偶像崇拝は禁じられていましたが、**「字が読めないんだから、目で見て感じればいい」とばかりに聖書に関連する美術品を山のようにつくったのです。**

血を流し、磔にされたキリスト像。イエスを処女懐胎した聖母マリア像。昇天するキリストを取り巻く天使たち……。どれも見覚えのあるモチーフだと思います。「キリスト教とはこういうものですよ」というのを、字が読めない人たちに絵で伝え、「情感に訴えて信者にしよう」という狙いがしっかりありました。

今日の西洋美術は、ユダヤ教やキリスト教から大きな影響を受けています。ビジネスパーソンが、教養の一つとして絵画に通じているのは大きなアドバンテージとなります。

宗教画は、ルネサンス以降も描かれました。たとえば、一七世紀のオランダの画家フェルメールもイエスとマリアが登場する宗教画を描いています。

宗教画の背後のキリスト教が理解できなければ、西洋美術の根っこを知らないことになってしまうでしょう。

もし、ロシアがイスラムの国だったら？

美術の力で布教に努めたのは、東方正教会も同じです。

私はかねてから世界の東方正教会に何度も足を運んでおり、本書の執筆にあたってウクライナ、ベラルーシを訪問しましたが、改めてイコンの多さと荘厳さに感嘆しました。

建前的には「偶像ではない」とされていますが、イコンははっきりとキリストが書かれた東方正教会の聖画。キリスト教の物語を表しているのはローマ・カトリックと同じで、多くが黄金に覆われたきらびやかなものです。「何枚も重ねて飾られたイコンの背後にある神様に祈っている」ということになっていますが、イコンの豪華さを布教や伝道のツールとしたのは明らかでしょう。

つまり、東方正教会もカトリック同様、ヴィジュアル戦略をとったわけですが、これに魂を射抜かれたのは庶民ばかりではありません。一〇世紀、キエフ公国ウラジミール大公がギリシャの東方正教会を受け入れたのは、イコンの美しさに魅せられたからだといわれています。

キエフは今のウクライナですから、いってみればこれがロシアや東ヨーロッパが東方正教会のエリアになったきっかけなのです。コンスタンティノープルがイスラム教徒の支配下になって以降は、ロシアが東方正教会の中心になりました。

かつての東ローマ帝国ではキリスト教とイスラム教が争いを繰り返し、今のトルコがイスラム化したのが同じく一〇世紀頃。キリスト教とイスラム教の覇権争いは、世界中で繰り広げられていました。ロシアはローマ・カトリックの国になる可能性はもちろん、イスラムの国になる可能性もあったということです。

もしも、ロシア一帯がイスラム教社会になっていたら、共産主義は生まれなかったかもしれず、中東のイスラム圏と似たような国になっていた可能性すらあります。

ちなみに、東方正教会の人々は、ロシア人といいギリシャ人といい、人間関係の密度が高いと感じます。お互いに助け合おうという感覚が強いというのは、東方正教会のエリアに赴任した経験がある人がよく抱く感想です。

世界遺産めぐりで「宗教の教養」を高める

ローマ・カトリックや東方正教会の布教のパワーとなったのは、美術だけではありません。一二世紀の終わりくらいまではローマ・カトリックではロマネスク建築、東方正教会ではビザンチン建築の教会が主につくられました。その後、非常に高い塔を持つゴシック建築が生まれました。ドイツのケルン大聖堂は、ゴシック建築を代表するカトリック教会。ステンドグラスの美しさに魅せられて世界中の人々が訪れますが、特徴的なのが尖塔の高さです。一五七メートルもあり、高い塔は神のいる天を目指しているとされます。

本書執筆中に火災にあったパリのノートルダム大聖堂は、聖母マリアに捧げるために建造された、やはりゴシック建築を代表する教会です。ステンドグラスやレリーフも多く、早く再建されるよう願うばかりです。

また、前述したサン・ピエトロ大聖堂はカトリックの総本山であり、ミケランジェロが設計した一三二メートルのクーポラ（ドーム）は荘厳です。調和の美のルネサンス様式と豪華なバロック様式の両面をかね備えるとされています。

こうした教会も「世界遺産」として観光するだけでなく、知識を持って見れば、自分のなかにインプットされる情報が豊かになります。

モーツァルトもバッハも、キリスト教を抜きに語れない

教会では宗教音楽もつくられ、これが西洋音楽の起源となります。モーツァルト、ヴェルディなど数多くの作曲家が「レクイエム」（鎮魂曲）をつくっていますが、これはもともと死者の安息を祈るために、ミサ（ローマ・カトリックの祭礼、礼拝）で流される曲でした。

聖書にインスピレーションがわいて生まれた名曲は数え切れないほどあります。

たとえば、ハイドンの代表作の一つ『天地創造』は、旧約聖書の「創世記」とイギリスの詩人ミルトンの叙事詩『失楽園』をモチーフに作曲されています。

ヘンデルの『メサイア』は曲名からして救世主、すなわちイエス・キリストです。イエスの誕生から受難、磔から復活までを扱っており、有名なハレルヤ・コーラスは、「ヨハネ

の黙示録」に由来します。ちなみに、「ハレルヤ」というのは、ヘブライ語で「神をたたえよ」の意味になります。

J・Sバッハの最高傑作の一つとも言われる『マタイ受難曲』は、三時間にわたる大作で、新約聖書の「マタイの福音書」に記されたイエスの受難を扱った楽曲です。

我々が普段耳にするクラシック音楽の多くが、神やイエスをたたえるためのものであったり、聖書の内容を再現するものであったりすることは、ぜひ知っておきたい事実です。

ちなみに、日本の古代からの音楽である雅楽も神道と関係があり、音楽と宗教は切っても切れない関係なのです。

西洋文学においてもキリスト教は極めて重要なモチーフになっています。

たとえば、世界文学最高峰の一つといわれるダンテの『神曲』は、地獄、煉獄、天国の各編に分かれ、キリスト教の価値観・教義を文学作品として現していると言えるでしょう。

また、時代は下りますが、ドストエフスキーの『罪と罰』やジッドの『狭き門』も、キリスト教から生まれた文学作品で『罪と罰』のテーマの一つは、法律に違反しても神からは許される犯罪もあるのではないかという深遠なもの。『狭き門』では、神の国と地上の国（＝実際に生きているこの世）における幸福の探求がテーマになっています。

Column 英語に強くなる聖書の言葉〈新約聖書編〉

旧約聖書と同様に、新約聖書に出てくる逸話や言葉のうち、よく使われるものを紹介しておきましょう。知らない人がいないほど代表的なものだけピックアップしてありますので、日英対訳の聖書を利用し、ボキャブラリーを増やすことをおすすめします。

A Good Samaritan 「善きサマリア人」とは新約聖書の「ルカの福音書」にある、イエスによる有名なたとえ話。強盗に遭い瀕死の状態にある人の前を、そ知らぬ顔で通りすぎる人が多いなか、サマリア人だけが宿に連れていって介抱し、宿主にその際の費用まで払った。キリスト教の隣人愛を象徴する話として、現在でも多く用いられる。宗教に関係なく一般的に善い人を指す言葉として使われる。

Good Shepherd 新約聖書の「ヨ

ハネの福音書」に出てくるイエスのたとえ話。人間が背負う罪（原罪）を背負って十字架にかけられるイエスは、良い羊飼いが羊のために命を捨てるように、自ら（羊飼い）が人間（羊）のために十字架にかけられると説いた。

The narrow gate 新約聖書の「マタイの福音書」に出てくる「狭き門より入れ」というイエスの言葉からきている。安易な道を選ばないように忠告する場合などに使われる。

The last Supper イエスが磔になる直前に弟子たちと共にした食事である「最後の晩餐」のこと。レオナルド・ダ・ヴィンチの絵画でも有名。

Crucifixion イエスの最期である磔のこと。多くの絵画で描かれる。

Resurrection イエスの磔後三日目の復活のこと。キリスト教徒にとって極めて重要な言葉。

Last Judgement 死後に裁かれる「最後の審判」。キリスト教ではイエスが、イスラム教ではアッラーの神が裁くとされる。

Apocalypse 新約聖書の最後にあるヨハネの黙示録のこと。千年王国など未来に起こることについて書かれている。

Christianity 05

こんなに違う！ ローマ・カトリックとプロテスタント

ルターの登場と「個人主義」の始まり

ローマ・カトリックと東方正教会に分かれて世界に広がっていったキリスト教は、一六世紀に大転換期を迎えます。これがよく知られた宗教改革です。先駆者であるウィクリフや処刑されたフスの後を継いだのが、マルティン・ルターです。

「聖書を解釈するのは教皇と聖職者の仕事。何もわからない一般人は、ありがたく教えてもらい、従いなさい」

ちょっと意地悪な言い方ですが、これが当時のローマ・カトリック。

そしてローマ・カトリックは「善行主義」ですが、善行にもいろいろあります。たとえばボランティア活動や恵まれない人への施しをローマ・カトリックは今も昔もとても大切にしていて、これは明らかに「善きこと」でしょう。ところが、当時は「ローマ教皇にドンと寄付する」といったことも善行に含まれ、さらに聖職者たちが絶対的な権力を握ったことで汚職や不正も横行していました。

ルターは、今のドイツに住む一司祭でしたが、大学で神学と哲学を学んだ知性派です。

「神と人が一対一で向き合うのが本来の姿ではないか」

「大切なのは善行ではなく、信仰そのものではないか」

このように考えたルターは、腐敗したローマ・カトリック教会の改革を目的に、一五一七年に九五箇条の論題をカトリック教会に突きつけます。ルターは、悪いことをしてもそれを買えば赦されるという贖宥状《しょくゆうじょう》の発行が、ローマ教皇の資金源になっている点も厳しく非難していました。ローマ教皇の絶対権力に反発する人たちも、これに賛同。**こうしてルターの主張からプロテスタントという宗派が確立していきます。**プロテスタントとは「抗議」を意味するラテン語です。

このように書くと、ルターの主張がどんどん広まったという事実に注目してしまいますが、様々な文献をひもとくと、実際のルターの人生はいつ殺されるかもわからないというまさに命を懸けたきわどい戦いだったようです。

なぜなら当時、ローマ教皇に反対意見を表明することは、異端であり死刑を意味しました。ルターとほぼ同時代の科学者コペルニクスは、地動説を信じながら、聖書の天地創造の教えに反することからなかなか出版ができませんでした。彼は、地動説を発表する書籍の原稿が到着した日に病死したので、弾圧に遭わずに済んだのです。

プロテスタントの広がりの背景には、当時の印刷技術の発展もありました。教会にたった一冊しかない外国語の聖書では、そもそも手に取る機会がないし、あったとしても読む気にならないでしょう。ところが、自国の言葉に翻訳された聖書が印刷物として大量に出回れば、一般の人たちの識字率も上がっていきます。

たとえて言うなら、それまでのカトリックでは、神やキリストが「作家」であり、そのメッセージはローマ教皇や聖職者という「マスコミ」経由でしか得ることができませんでした。情報にバイアスがかかっていても、真相はわかりません。ところが宗教改革をきっかけに、人々は自分で聖書を読める、つまり神からダイレクトに情報を得られるようになったのです。まるでネット社会の到来のようではありませんか。

ルターが掲げたのは「信仰主義」「聖書主義」「万人祭司」の三つです。ざっくり言うと、神と一対一で対峙して信仰を大切にし、聖書を読んで自分なりに解釈し、主体的に行動すべきだという主張です。これは現代社会の個人主義のスタートと言っていいと思います。

ローマ・カトリックとプロテスタントの四つの違い

日本人から見ると、プロテスタントとローマ・カトリックは「同じキリスト教」に見えるかもしれません。ところが、キリスト教徒にとっては「違う宗教」と言ってもいいほど大きな違いがあります（ただし、第二バチカン公会議〈一九六二〜六五〉以降、お互いの関係は近づいたともいわれています）。

たとえば、「カトリックからプロテスタントに改宗する」としたら、イスラム教に改宗するほどではないとしても、人生の軸が変わる大きな出来事です。東方正教会とカトリック、プロテスタントとの間でも同じでしょう。

ビジネスパーソンであれば、この違いは理解しておいたほうがいいでしょう。そこで詳しく論じる前に、わかりやすく象徴的な点をまとめておきます。

1　善行のローマ・カトリック、信仰のプロテスタント

カトリックは、どんな罪人も善行を積めば救われると考えます。ここで言う善行とは巡礼や寄付、ボランティアのことです。逆に、労働はややネガティブに捉えられており、蓄財には罪悪感すらあります。一方で、プロテスタントは、どんな罪人も信仰によって救われると説きます。当時、このようなルターの信仰義認説をまとめた「キリスト者の自由」がドイツで大ベストセラーになりました。

2　ゴージャスなローマ・カトリック、シンプルなプロテスタント

日本人がイメージする「教会」は、ステンドグラスやマリア像、宗教画で美しく飾られた尖塔を持つカトリックの教会だと思います。しかし、プロテスタントの教会は、簡素で装飾のないつくりが一般的です。

3　感じるローマ・カトリック、考えるプロテスタント

カトリックは、かつては聖書の自国語訳が認められず、神父の話や美術、音楽で信者に教えを説いてきました。神父によるミサをするのは基本的にカトリックだけで、プロテスタントにはありません（最後の晩餐に由来する聖餐式はあります）。こう考えるとカトリックは、神父の言葉や美術や音楽で神を「感じる」もの、プロテスタントは自分で聖書を読んで神について「考える」もの、と言ってもいいでしょう。

4　生涯独身のローマ・カトリック、結婚OKのプロテスタント

カトリックの神父は生涯独身で、プロテスタントの牧師は妻帯が認められているばかりか、女性の牧師も存在します。

これは基本中の基本ですが、私は宗教について理解が浅い若い頃、大失敗をしたことがあります。あろうことか、マルタ出身のローマ・カトリックの神父に「ご結婚なさっていますか？」と尋ねてしまったのです！　今思い出しても恥ずかしくなるほどで、くれぐれも同じ轍を踏まないでいただきたいと願っています。

また、プロテスタントでは認められている離婚が、カトリックでは原則許されません（新約聖書には、離婚について大変ネガティブな記述があります）。実際には法律で認められている国が多いですが、フィリピンのように離婚が認められない国も残っています。

Christianity 06

キリスト教徒のワーク・ライフ・バランスとは？

大航海時代で世界に広がり近代を迎える

宗教改革によりプロテスタントの勢いが増すにつれて、カトリック側の危機感も高まりました。カトリック陣営には、当時、地中海世界で大きな力を持ったオスマン帝国と同盟を結ぼうとする意見すらありました。オスマン帝国はイスラム教の帝国ですから完全に異教徒。それでも同盟したいというくらい、追い詰められていたのです。

一五世紀後半以降始まったスペイン・ポルトガルによる世界への大航海は、一六世紀の宗教改革によるカトリックの危機感に結びつき、世界各地へのキリスト教の伝播につながりました。

中南米にカトリック教徒が多いのは、この大航海時代にスペインとポルトガルがやってきて植民地化したためです。私は二〇一三年のフランシスコ教皇就任直後に教皇の出身国アルゼンチンを訪問したのですが、街のいたるところにフランシスコ教皇の写真が飾られており、アルゼンチンの人々が心から教皇就任を祝っていることを感じました。

ヨーロッパでは一六世紀から一七世紀にかけて多くの宗教戦争が起きました。一七世紀の三十年戦争はそのなかでも最大級のものでした。

宗教改革の影響で中南米に加えてアジアにも多くの宣教師が送られました。日本にもフランシスコ・ザビエルがやってきたことはよく知られています。

時代は大きく下りますが、一九世紀にアフリカがヨーロッパの植民地になるとキリスト教はアフリカでも信者を増やします。アフリカ大陸には、古来エチオピア正教会、エジプトのコプト教会など東方教会系のキリスト教がありましたが、その他の地域にも本格的に広がったのです。現在アフリカ大陸の南半分はキリスト教徒が多い地域になっています。

このように大航海時代と宗教改革を経ることで、ヨーロッパと地中海周辺の国々の宗教で

あったキリスト教が全世界的に広がるのです。大航海時代とほぼ同時期のルネサンス時代には、神優位の時代から人間中心の時代への変化が起きました。プロテスタントの勢力拡大もあり、ローマ教皇の権威は落ちていきました。時代は合理主義・科学主義をベースとする近代に入っていったのです。

プロテスタントの国が経済発展した三つの理由

ローマ・カトリックとプロテスタントの違いをより深く理解するには、現在のそれぞれの宗派の国を比較するといいでしょう。

一六世紀のヨーロッパで力を持っていたスペインはカトリック。イタリアは当然のこと、フランスもカトリックです。

ルターを生んだドイツは、諸侯がバチカンに反旗を翻したこともあり、プロテスタントが広まりました（カトリックも相当残りました）。続いてオランダや北欧もプロテスタントに改宗します。

プロテスタントは、万人祭司の考えをとりますので、カトリックのローマ教皇のような最高権威的存在はありません。その一方で多くの分派があります。

そのなかで重要なのは、イギリスで生まれたイギリス国教会です。一六世紀にイギリスは国王ヘンリー八世の離婚問題を機にローマ教皇と袂を分かちイギリス国教会（アングリカンチャーチ）が生まれました。国王の個人的な理由でできたイギリス国教会は、カトリックの影響が根強いプロテスタントという、なんとも微妙な立ち位置になっています。

「もっと純粋なプロテスタントであるべきだ」と王に抗ったのが清教徒（ピューリタン）革命で、イギリスを離れ、メイフラワー号でアメリカに入植した最初の人々は清教徒だったといわれています。そのためアメリカは、プロテスタントの国となりました。アメリカが宗教的な国になったのには、この清教徒の存在が大きいのです。宗教の国アメリカでは、清教徒の他、メソジスト、バプティストなど多数のプロテスタントの宗派があります。

このように、現在の欧米はカトリックとプロテスタント、東方正教会に分かれているのですが、興味深いのが、「二一世紀の今、経済的にうまくいっている」とされる国々には、プロテスタントである国が多い点です。

「国の経済や財政に問題あり」とされているスペイン、イタリアはカトリック、経済危機に陥ったギリシャは東方正教会です。いったいなぜでしょう？

ビジネスパーソンが押さえておきたいのは、なぜ、プロテスタントの国々が経済的に成功したか、その三つの理由です。

1 識字率

翻訳・印刷された聖書を自分で読むようになったプロテスタントの人々は識字率が上がり、さらに本を読んで勉強するようになりました。

たとえば、一七世紀オランダの絵画には、女性が本を読んだり、手紙を書いたりする姿が描かれますが、これはプロテスタントの識字率の高さを示すものと言えるでしょう。

一般庶民の知的レベルが上がったので、プロテスタントの国々は一八世紀の産業革命の波にうまく乗ることができたのです。

産業革命の担い手は工場で働く大量の労働者ですが、みんなで一緒に作業したり、新しい機械を使ったりするので、覚えることがたくさんあります。どんなに頭がいい人でも、一回聞いたくらいでは忘れてしまいます。そこで文字に書いたマニュアルやハウツーができるわけですが、これを利用できるのは字が読める人だけです。

明治維新以降の日本が急速に近代化することができたのも、識字率が高かったからだといわれています。こうしてプロテスタントの国では技術力が上がり、技術力が上がるとともに経済発展していきました。

2 個人としての自立

プロテスタントは「万人祭司」という立場をとるだけに個人主義的な傾向が強くあります。カトリックのローマ教皇のような「大元締め」がいないため、「自分なりに聖書を解釈し、自分がいいと思えばそれでいい」という人も少なくありません。プロテスタントを代表する言葉に、ルターによる「私は立つ」というものがありますが、これは神の前で自分が主体的に動くという意味で、「自主的に考えて行動する」という現代の働き方に近いものです。「指示待ちは良くない」などはビジネスエリートの常識ですが、これはプロテスタント的思考とも言えるのです。

3 「仕事＝神の教えに従うこと」という概念

プロテスタントのなかのカルヴァン派は、ルターの二六歳下のカルヴァンが唱えたもの。職業は神が与えたものであり、自分の仕事に専念することが修行であると説いたカルヴァンの『キリスト教網要』は広く読まれました。

あらゆる欲望を絶ち、禁欲的に働くことが救いになるとの考え方は、その後のプロテスタントの職業観に大きな影響を与え、**禁欲的に働いた上での蓄財は罪ではなく、新たな事業に投資して良いという考え方は、資本主義の思想と親和性があります。**

「働くことは良いこと」というのがカルヴァン派の仕事観であり、これがドイツ、イギリス、アメリカ、北欧の国々に影響をおよぼし産業革命につながった……。これはドイツの社会学者マックス・ウェーバーの説ですが、まさにその通りだと思います。

プロテスタントはビジネス書の読者に似ている？

キリスト教では、死後いったん仮の場所（仮の天国、煉獄〈カトリックのみ〉、地獄）で待機した後、千年王国を経て、神の教えに従って生きてきたかどうか最後の審判が行われ、天国か地獄へ行くことになっています。マタイの福音書第二五章には、「（悪いことをした）者どもは永遠の罰を受け、正しい人たちは永遠の命にあずかる」とあります。この天国と地獄を分ける思想は古代ペルシャで隆盛をみたゾロアスター教に由来するといわれます。

ローマ教皇の依頼を受けたミケランジェロは、バチカンのシスティーナ礼拝堂にある『最後の審判』にて、死後天国と地獄へ分かれる審判を受ける様子を描きました。イエスが審判をしており、左側が天国に昇天する人々、右側が地獄へ落ちる人々です。

これがキリスト教の死生観の基本なのですが、**プロテスタントのカルヴァン派には「予定説」というものがあります。簡単に言えば「あなたが天国に行くかどうかは神によって定**

められている」というものです。

最初から「最後の審判」の結果は決まっていて、天国に行くか地獄に行くかは、生まれつき決まっているけれど、あなたには知らされていない。しかし、「自分は天国に行くんだ」という前提で、それに値するような禁欲的できちんとした人生を送りなさい……。

『最後の審判』ミケランジェロ作

最初から決まっているなら「大丈夫、天国へ行けるし」とだらだら暮らしても、「どうせ地獄だ」とヤケになって好き放題やっても良さそうなものですが、「天国行きという前提で頑張りなさい」というのが予定説なのです。私なりに解釈すれば、これは上司が部下を励ます感じに似ています。

「君には実力があるはずだし、絶対うまくいくと信じている。だから頑張れよ！」

いわば「やればできる子」という太鼓判を押すのです。すると部下はやる気を出して努力し、実際に成果を上げる……。

カルヴァン派には、また「天職」という概念があります。天に与えられた自分の本当の役割があって、それをまっとうしなさいということです。英語で天職は「Calling（神の宣告）」ですし、才能は「Gift（神の贈り物）」。余談ですが同じ才能でも「Talent」は職業的技術的に優れた能力で、「Gift」は天才的な能力とされています。

自分には天職がある。だからうまくいくと信じて頑張ろう……。これは何やら、ビジネス書や自己啓発書にあるポジティブ思考に似ています。ビジネスパーソンなら一冊は読んだことがあるであろうこれらのジャンルのルーツはアメリカですし、アメリカで一流といわれるビジネスパーソンは、日本人以上にハードワーカーという人が珍しくありません。

プロテスタントの考えをもとに経済発展した国々の死生観と、現代のビジネス書がつながっているというのは、なかなか興味深い推論ではないでしょうか。

ローマ・カトリックの人生観とは？

カトリック教徒の死生観には、プロテスタントの一派のカルヴァン派が考える予定説はありません。彼らは善行をとても大切にしている一方、労働はどちらかというとつらい義務だと捉えています。蛇にそそのかされて知恵の実をかじったアダムとエヴァが楽園を追われ、アダムは労働という苦しみ、エヴァは出産という苦しみを与えられた——カトリックの労働観の根底には、この旧約聖書の逸話が根強くあるのです。

「仕事は義務だからやらなきゃいけないけど、なるべく早く終えて遊びたい、休みたい」イタリアやスペインに赴任した日本人ビジネスパーソンは、現地の人との働き方の温度差に驚きます。

カトリック教徒は宗教行事を家族でとり行うことを大切にしており、クリスマス、復活祭、家族の洗礼式は何をおいても優先されることが多いです。一般に安息日である日曜日も大切にしているので、そこは立ち入らないほうがいいでしょう。これはヨーロッパのみならず、中南米でもフィリピンでも、世界のカトリック教徒に見られる傾向です。

我が道を行く
ローマ・カトリック国のフランス

「経済的にうまくいっているプロテスタント、そうでないカトリック」というやや極端な区分けをするとき、例外となるのがフランスです。カトリックらしく休みはたっぷりとりますが、今のところ、国内の格差問題などはあるものの深刻な経済危機には陥っておらず、ＥＵのリーダーであり続けています。その理由について、私の仮説は二つあります。

一つめは、フランスにはかつてユグノーと呼ばれるカルヴァン派がいて、その影響が残っているというもの。マックス・ウェーバーの著書には、ユグノーがフランス経済、資本主義の発展に貢献したという旨の記述があります。

二つめは、フランス革命という市民革命によっていち早く近代国家の基盤をつくった国であるために、政教分離の概念が非常に強く、カトリックの考えや価値観が政治や経済の場に直接的に出にくいこと。

この問題は奥深く、フランスの有識者や四〇年間フランスにかかわっている知人と議論をしても、なかなか結論が出ません。フランスに限らず宗教も文化も国のあり方も、単純化は難しいものだと改めて思います。

世界を理解するには、政治経済だけはなく、宗教、文化などを含め、深く広く考えることが必要なのです。

第4章

イスラム教

日本人に誤解されがちだが
実は「人にやさしい宗教」

Islam

Islam 01

21世紀の〝メジャーな宗教〟はイスラム教

ビジネス相手としてのイスラム社会

イスラム教徒のベースには、イスラム社会としての考え方やルールがあります。宗教別に考えると、ユダヤ教徒はユダヤ教徒同士、イスラム教徒はイスラム教徒同士、ビジネスをしたがる傾向があると私は見ています。理由を考えれば、ユダヤ教徒は離散しながらも同じ神を信じて律法を守っている絆ゆえですし、イスラム教徒の場合、心からイスラム教を信じ、しっかりと律法を守っているという共通基盤によって信頼が生まれるからではないでしょうか。また、さまつなことを言えば、日本において取引が終わって食事に行くときも、イスラム教徒は実は気を使っていたりします。

「日本人はお酒をけっこう飲むから、自分たちが飲めないっていうのは悪いな」と。

仕事中にお祈りに行く際も、イスラム教徒同士なら気がねしないという声もあります。

もちろん現在のイスラム教徒はイスラム教徒以外とも取引をしています。産油国でありGDPが高いアラビア半島の国々、一人当たりの所得が一万ドルを超えてきたマレーシアなど、グローバルな経済活動が盛んです。取引の際は当然ながら国際ルールに則った契約書をかわしています。とはいえ、明文化されていないルールが存在するのが国際社会。ビジネパーソンたるもの、イスラムの価値観を十分に理解しておきましょう。

イスラム教の知識がビジネスチャンスに直結する

ユダヤ教徒やキリスト教徒が異教徒に接する時、自分の宗教について率先して語ろうとすることはあまりありませんが、多くのイスラム教徒は「機会があれば話したい。本当にすばらしいものだから、自分たちの宗教を知ってほしい」と思っています。

世界5大宗教のなかで、相手の宗教に関心を持つことが、お互いの関係構築に一番つながるのがイスラム教だと私は捉えています。

コーランにも、イスラム教徒がイスラム教について異教徒に話すのは良いことだと記されています。だからこそ、日本人が得意とする「聞き役」に回ることは、関係の構築につながり得るでしょう。

さらに日本人は、イスラム教徒と接点が少ないだけに、逆にゼロから関係を築きやすいのです。イスラム教は長年にわたってキリスト教と戦ってきましたし、昨今のテロ事件の影響によって欧米で差別を受けることがあります。

アジアに目を向けてみても、中国は新疆ウイグル自治区のイスラム教徒に監視の目を光らせており、タイやフィリピンの南部でも差別されたイスラム教徒が独立運動を続けています。

その点、日本は、イスラム教が伝来したのが明治維新以降だったこともあり、イスラム教徒に対して迫害の歴史を持たない国です。現在でも、日本にあるモスクで暴行など犯罪につながるような行為があったというニュースは聞きません。

Islam 02
イスラム教はどのように生まれ、今にいたるのか

イスラムは比較的新しい宗教

「イスラム」とはアラビア語で「神への帰依」を意味します。「ムスリム」はイスラム教の信者を指しています。

イスラム教徒が信じる神は、コーランの考え方ではユダヤ教やキリスト教と同じ、天地を創造した全知全能の唯一神。それゆえに、旧約聖書は彼らにとっても啓典なのです。前

述した通り、この三つの宗教は根っこが同じです。

「アッラーの神よ」などと日本語で言われることがありますが、アラビア語では「アッラー＝その神」なので、アッラーという名前の神様ではありません。神に特定の名前はないのです。アラビア語では、キリスト教の神のことも、アッラーと言います。

しかし、一神教の神は唯一絶対の神であるため、ユダヤ教を説明するときに原則「神」という言葉を用いたのと同じく、ここでも神という言葉を用います。

ユダヤ教の起源が紀元前一三世紀、キリスト教は一世紀に成立。キリスト教成立から約六〇〇年の時を経た七世紀、預言者ムハンマドが神の啓示を受けたことがイスラム教の始まりです。仏教は紀元前五世紀頃の発祥とされていますから、イスラムは比較的新しい宗教と言えるでしょう。

イスラム教が生まれた七世紀頃、世界にはすでにいろいろな国家ができていて統治されており、法があり、商業があり、文字も広まっていました。

一方、モーセや釈尊、イエスの時代には海が割れたり、昇天して復活したり、神話的な要素も多分にあります。その点、イスラム教の歴史では、奇跡とされる事実は少ないと言っていいでしょう。

ムハンマドは政治家でありビジネスパーソン

釈尊は釈迦族の王子から、イエスは大工から宗教の開祖となりました。〝デビュー前〟の仕事はあまり意味を持たず、彼らが後世に残したものはあくまでも宗教家としての実績です。

この点もムハンマドは違います。預言者になる前に、ビジネスの分野で卓越した結果を残し、その後は宗教と政治、軍事の面で世界史に残る業績を残しました。現在の感覚でいうと何事にも卓越したスーパーパーソンです。ムハンマドが生まれた五七〇年頃は群雄割拠の時代。軍事的才能が社会を維持発展させるためには必須でした。

ムハンマドは、クライシュ族というメッカの支配層にあたる有力な商人の一族の出身。しかし、幼い頃に父を亡くし、祖父のもとで育てられて苦労します。

才覚がある真面目な青年に成長した彼は、二五歳の時に四〇歳のハディージャと結婚。現代でもなかなかの歳の差ですが、当時としても珍しい取り合わせでしょう。ハディージャは富裕層の出身で、自らもやり手の実業家としてラクダを使った貿易に携わっていました。ムハンマドは妻の助力も得て仕事に精を出し、成功していきます。

時が流れ、経営者としての地位を築いたムハンマドには、メッカ近郊のヒラー山の洞窟で瞑想する習慣がありました。そして四〇歳の頃、瞑想中に天使ジブリール（ガブリエル）を通じて神の言葉が聞こえるようになります。

ムハンマドは、「えっ、神の声？　自分はおかしくなったのかな」と悩みます。当時の四〇歳といえばそろそろ高齢者の仲間入りですが、妻ハディージャに相談すると、「それは神の声に違いない」ときっぱり断言。そこでムハンマドは神の啓示だという確信を得て、六一三年頃から預言者として神の教えを伝え始めます。これがイスラム教の始まりです。ハディージャは信者第一号ともいわれます。こう考えるとイスラム教の発展において彼女の〝内助の功〟は大きかったと言えるでしょう。

弾圧から イスラム共同体の実現へ

イスラム教の世界では、イスラム教が生まれる以前を「無明時代（ジャーヒリーヤ）」と呼びます。この時代は、混沌とした多神教でした。

当時、メッカのカーバ神殿には、たくさんの偶像があったと伝えられています。各部族の信じる神々や、太陽の神、海の神といった自然崇拝の神も祀られていたことでしょう。当時からカーバ神殿は宗教的な場所でした。また、メッカにはユダヤ教徒もいました。

ここで押さえておきたいのは、アラブ社会は「部族社会」であるということ。当時のアラビア半島には半島全体を統治する中央集権国家が存在せず、諸部族が割拠していました。ビザンツ帝国や日本のヤマト王権がそうであったように、権力者は統治のために宗教の力も使いますから、どの部族も自分の神様を大切にしていました。

そんななか、ムハンマドの主張はかなり斬新なものでした。

「唯一絶対の神（アッラー）がいる。人間はみな、神の下にいる平等な存在だ」

「偶像崇拝は禁止するべきだ」

これが神の教えだと公言したのですから「変な新興宗教だ！」と猛反発を喰らいます。ムハンマドは弾圧にめげずに布教を続けますが、ハディージャも亡くなってしまいます。

六二二年、ムハンマドはメッカからメディナに移住。彼の教えが徐々に受け入れられつつあったメディナの人々に請われて決まったことで、これが西暦とは異なるイスラム暦の元年となりました。なぜなら、この地でムハンマドはイスラム共同体としての活動を開始したからです。現在でもイスラム教徒が多い国では、西洋暦に加えイスラム暦も通用します。イスラム暦は、西洋暦に比べて約一〇日程度短く、毎年ずれていきます。

イスラム共同体とは、イスラム教の考え方にもとづいて築かれた社会。**「宗教的行為のみ**

でなく、社会のルールすべてをイスラム教でやっていきましょう」という考え方です。

メディナでイスラム共同体ができると、メッカを支配する部族が攻撃してきます。六二四年のバドルの戦いをはじめとする戦闘が起きますが、休戦協定が成立。六三〇年にムハンマドはついにメッカを無血征服します。メッカの住人はすぐにイスラムに改宗していき、カーバ神殿にあった偶像は破壊されました。

イスラム教への改宗が進んだのは、商業の力が大きいと言えます。イスラム教では、商業を肯定的に捉えており、「アッラーは商売を合法となさった」と考えられています。地理的に近い中東や北アフリカ以外のアフリカの沿岸、ケニアやタンザニアにもイスラム教徒が多いのは交易があったためです。時代はずいぶんと後になりますがインドネシア、マレーシアも交易の影響で、イスラム教への改宗が行われました。

「コーラン」と「ハディース」

ムハンマドは六三二年に亡くなりますが、彼が受けた神の啓示は弟子たちが口承で伝えていました。教えを諳《そら》んじて声に出すのが良いとされていたため、暗唱していたのです。これが「コーラン」として一冊にまとめられたのは六五〇年頃。イスラム共同体の指導者であるカリフの指示によるものでした。

コーランには社会規範や個人の生き方、服装や食事、法律まで事細かに記され、今もイスラム社会の根幹となっています。

ここまで紹介したムハンマドの言行（スンナ）について書いてあるものは「ハディース（伝承）」です。こちらはイスナード（伝承者の名を列記した伝承経路）が確実ならば、イスラム教にとっては大切な解釈の源（法源）になります。

ムハンマドは預言者ではありますが、あくまで人間。この点は、神の子とされるイエスとは大きく違います。ムハンマドは尊敬されていますが、神のように崇拝することは許されません。一神教のイスラム教では、神と人間がくっきりと分けられているのです。

イスラム共同体は、これらコーランやハディースに書かれた内容にもとづくルールで運営されていました。このようなルールのことをイスラム法（シャリーア）と言います。

西洋の法と異なるのは、社会・生活のあらゆる面について規定されている点です。そのため我々が考える法律と同じように捉えるのは間違いです。イスラム法は法律から習慣、日常的なルールを含めた幅広いものです。

Islam 03

本当はやさしいイスラム教

なぜ、「イスラム教は厳しい」というイメージなのか？

日本人はけっこう誤解しているな、と私が感じるのは「イスラム教は厳しい」というイメージ。「アッラーを信じるか、さもなくば死か」といった宗教だと思っている人が多い気がします。

確かにイスラム教は多神教に対して非常に厳しい面があるのは事実です。ムハンマドの時代にメッカにあったカーバ神殿の偶像は破壊されましたし、コーランには多神教は邪教であるといった記述が多数あります。

それでもイスラム教徒は、ユダヤ教、キリスト教を同じ一神教とみなし、同じく旧約聖書などを啓典としているこの二つの宗教の信者を「啓典の民」として尊重しています。モーセ（アラビア語でムーサ）は偉大な預言者として何度もコーランに登場しますし、イエス・キリスト（アラビア語でイーサ）も同様です。

ただしイスラム教は、「イエスやモーセが神から受けた言葉には、間違いがあった。完全に正しいのはムハンマドに与えられた啓示であり、最後にして一番偉大な預言者はムハンマド」という考え方をしています。

「多様性」を取り入れたイスラムが勢力を拡大

イスラム教は七世紀という後発の発祥にもかかわらず爆発的に信者を増やしており、近い将来、世界最多の信者を持つ宗教となるはずです。強制的に改宗を迫っていないのに、どうしてでしょう？　イスラムが勢力を拡大していく歴史を見ていきましょう。

ムハンマドが六三二年に死亡した後、正統カリフ時代と呼ばれる時代になります。アブー・バクル、ウマル、ウスマーン、アリーの四人がカリフとしてムハンマドの後継となります。カリフというのは「（ムハンマドの）代理人」という意味です。

この正統カリフ時代にエジプトを征服し、ニハーバントの戦いでササン朝ペルシャを破り現在のイランをイスラム化するなど、イスラム共同体の領域を広げていきました。ムハンマドによって語られた神の言葉を記したコーランが編纂されたのもこの時期です。

正統カリフは、血統ではなく話し合いで後継者に選ばれました。**七世紀という時代的背景を考えると、話し合いで後継者を選ぶというのは非常に先進的であったと言えるでしょう。**

しかし、四代目カリフのアリーの時代に後継者争いが起こり、六六一年にアリーが暗殺されるとイスラム共同体の後継者の選び方を巡って二つの宗派に分かれます。これがニュースなどでよく耳にするスンナ派とシーア派です。この二つの宗派の対立は現在においても国際政治に大きな影響を与えています（後で詳しくお話しします）。

アリー暗殺後に成立したウマイヤ朝は、ダマスカスに本拠を置く新たなイスラム共同体でした。ウマイヤ朝を創設したのはムアーウィアというムハンマドとは遠い祖先を共有するクライシュ族出身の指導者です。この時代以降、現在のモロッコからイベリア半島、中央アジアにまで勢力を伸ばしました。

ウマイヤ朝が一〇〇年近く続いた後、七五〇年アッバース朝が成立し、イスラム世界を支配します。首都はバグダッドに置かれました。アッバース朝を創設したのは、ムハンマドの叔父の子孫であるアブル・アッバース。ムハンマドの血統は一定の影響力を持ち得たのでしょう。成立の翌年七五一年には、唐をタラス河畔で破り、シルクロードを支配するようになりました。

アッバース朝では、アラブ人だけでなくイラン人をはじめ多様な民族が登用され、イスラム世界内部における民族的多様性が確保されました。そもそも、ウマイヤ朝がアラブ人中心、ウマイヤ家中心であることに反発して成立したのがアッバース朝。現在の言葉で言うとダイバーシティが進んだと言えるでしょう。アッバース朝成立により滅亡したウマイヤ朝の王族の一部はイベリア半島に移り、後ウマイヤ朝を設立しました。以降、カリフ・イスラム世界の指導者が複数存在する時代になりました。イスラム世界が多極化してきたのです。

アーサー・ボイド・ホートン作の
千夜一夜物語のワンシーン

「千夜一夜物語（アラビアンナイト）」は、ササン朝ペルシャを発祥とする物語ですが、八世紀頃のイスラム世界の中心地バグダッドで現在につながる原型ができました。

一〇世紀には、エジプトにファーティマ朝が成立。以降アイユーブ朝、マムルーク朝が続き、カイロがイスラム世界の一つの中心になっていきます。

ファーティマ朝の一〇世紀のカイロにアル・アズハル・モスクの学校（マドラサ）として設立された教育機関がアズハル大学です。私はカイロに住んでいたのでわかるのですが、**アラブ世界、イスラム世界におけるアズハル大学の権威は非常に高く、学長の発言がイスラム世界の方向性を一定程度決めるほどです。**大学のイスラム法学者（ウラマー）も、現在のイスラム法学における権威者です。

イスラム教は「税金」で広まった？

ヨーロッパに目を転じると、八世紀から一五世紀の終わりまで、イベリア半島ではイスラム教の王朝と、キリスト教の様々な国の覇権争いが繰り返されてきました。

スペインはカトリックを信じる国ですが、アルハンブラ宮殿をはじめとするイスラムの建築物が残っているのは、かつてイスラム教の支配下にあった歴史ゆえです。

最終的には一四九二年にキリスト教側が勝利し、イスラム教徒はすべてアフリカ大陸に追いやられます。当時のスペインのキリスト教徒は異教徒にとても厳しかったので、同じ時期にユダヤ教徒もすべて追放されました。そのユダヤ教徒が目指したのが、オスマン帝国。イスラム教の国で、「税金さえたくさん払えば、異教徒も受け入れます」という方針だったためです。

また、一六世紀から一九世紀後半までインドを支配したムガール帝国はイスラム教の王朝ですが、現地にいたヒンドゥー教徒を強制的には改宗させませんでした。「税金を払えば、そのままで良し」というわけで、今もインドの多数派はヒンドゥー教徒のままです。こうしてオスマン帝国もムガール帝国も、イスラムの王朝は寛容に異教徒を受け入れてきました。

強いアイデンティティを持つユダヤ教徒はそのまま異教徒として生き抜いたと思いますが、人は環境によって変わります。強制的な改宗は行われなくても、「アッラーはすばらしい」と信じる権力者が支配するイスラム社会で暮らすうちに、異教徒である人々も自然に同化してイスラム教になっていった……。税金も多く払いたくないし、そのほうが暮らしやすい……。これがイスラム教徒が増えた理由の一つだと考えられます。

イスラム教は「弱い人」にやさしい

イスラム教徒であるためには、スンナ派では「六信五行」が大切だとされています（シーア派では十行となります）。六信とは、神（アッラー）、天使（マラーイカ）、啓典（クトゥブ）、使徒（ルスル）、来世（アーヒラ）、定命（カダル）の六つを信じることです。五行とは、信仰告白（シャハーダ）、礼拝（サラート）、喜捨（ザカート）、断食（サウム）、巡礼（ハッジ）の五つです。

このうちの喜捨は、自ら寄付するものと、お金持ちから税のように財産の一部を徴収するシステムとがありました。それを困った人のために使うというのがイスラム共同体の考え方です。**神のもとでの絶対的な平等性をはじめ、イスラム教には弱い立場の人が惹かれる要素があったと言えるでしょう。**

コーランには繰り返し「アッラーは慈悲深い神である」と記されていますが、確かに「孤児を大切にしなさい」「戦争未亡人を助けなさい」という、当時としては先進的で現実として役立つ教えがあります。特に孤児について何度も出てくるのは、ムハンマドが早く父を亡くしていることに関係するといわれています。

いずれにしろ、古代から中世は戦争がとても多い時代。被害にあった弱い立場の人たちが、イスラムの教えに惹かれて改宗したというのが、私が考えるイスラム教徒が爆発的に増えた大きな理由の一つです。ちなみに、今も喜捨は盛んです。「お金は気前よく寄付する」というのがイスラム教の感覚なのです。

寄付は何もイスラム教に限ったことではありません。キリスト教でもユダヤ教でも仏教でもヒンドゥー教でも推奨される行為です。宗教は貧者への寄付を促すという共通点があります。

「人生に行き詰まったらメッカへ行け。みんな何かくれるから飢え死にすることはない」あるイスラム教徒の友人はこう言っていて、なるほどと大きく頷いたものです。

日本の自殺率が高い理由として「心の拠りどころがない」というのが挙げられていますが、イスラム教徒にとっては今も宗教がゆるぎない心の拠りどころだと言えそうです。実際にイスラム教徒の自殺は統計的に少ないのです。

Islam 04

「スンナ派」と「シーア派」の基礎知識

「スンナ派とシーア派」は後継者問題で生まれた

どの国でもどんな組織でも、崇拝されたカリスマの後継者問題に悩むのは同じことで、イスラム共同体もしかりでした。ムハンマドの後継者問題が、スンナ派とシーア派の最大の分岐点です。

最初の妻ハディージャの死後、ムハンマドにはトータル一〇人ほど妻がいたとされますが、その大半は戦争未亡人で、生活の面倒を見るための人助け的な結婚だったともいわれています。

ハディージャの死後長く一緒に暮らしたのはアーイシャで、新郎五六歳、新婦九歳という超年の差婚。彼女こそ晩年のムハンマドを支えて看取った妻とされています。

結局、ムハンマドの後継者には、アーイシャの父でありムハンマドの親友でもあったアブー・バクルが協議によって選出され、ムハンマド亡き後のイスラム共同体のカリフとなりました。

こうして初代から三代目のカリフは協議によって選出され、イスラムの勢力を拡大させていきますが、四代目カリフにアリーが選ばれた時、もめ事がありました。

ムハンマドには、ファーティマという娘がいました。彼女はムハンマドのいとこアリーと結婚します。ちょっとややこしいのですが、アリーはムハンマドのいとこであり娘婿で、血縁的にとても近い関係にあります。彼は若いながらとても敬虔な人で四代目カリフに選出されました。このアリー支持者がのちの「シーア派」。シーア派とは、「アリーの党派」という意味です。

アリーのカリフ就任に対して、「これって世襲じゃないか！　協議によってカリフを選ぶのがイスラムの慣行だ」という反対勢力もいました。これがのちの「スンナ派」で、「積み重ねられた慣行（スンナ）を守る派」という意味です。

アリーはやがてハワーリジュ派という別の派に暗殺され、代わって権力を握ったのが、のちのスンナ派を生み出すムアーウィアです。彼はウマイヤ朝の初代カリフとなりますが、ウマイヤ王朝は世襲制となりました。以後長い間イスラム諸帝国は世襲制を採用するようになります。現在では、スンナ派の国が多く、全世界のイスラム教徒の人口のおよそ九〇％を占めます。

残る一〇％のシーア派は、イランの多数派であり、イラクの過半数を占めます。

スンナ派とシーア派の対立は、現在でもサウジアラビアとイランの外交関係やイエメン問題に影響を与えています。

シーア派の最高指導者はイマームと呼ばれます。多くの宗派があるシーア派で最有力なのは十二イマーム派。実際に存在した一二人のイマームの後、イマームは隠れており、最後の審判の際に再臨すると考えられています。スンナ派におけるイマームは、大小様々なイスラム共同体やモスクの指導的立場の人のことであり、何人も存在します。

スンナ派もシーア派も偶像崇拝は禁止ですが、シーア派は預言者（イマーム）の霊廟があり、やや聖者を信仰する傾向があります。

Islam 05
イスラムにはなぜ紛争が多いのか？

「アラブとイラン」は「中国と日本」より違いが大きい

昔はアメリカの田舎などに行くと、「日本から来たの？　それって中国の真ん中あたり？」と真顔で聞いてくる人がいました。今でも世界には「漢字を使っているし、日本と中国ってほとんど同じ」と思っている人がいますが、もしもそれが取引先の発言だったらどうでしょう？　あなたは「うまくやっていけるだろうか」と不安になると思います。

日本人のビジネスパーソンで、アラブとイランの区別がつかない人はこれと同じです。中東の国々やそこにあるイスラム教の国は「みなアラブ世界」と一括りにしているのなら、彼らとビジネスをする上で致命的な弱点になります。

アラブ人とは「アラビア語を母国語として話す人」の意味。したがって、中東のなかでもアラビア語を話さないイラン、トルコ、アフガニスタンはアラブではありませんし、無論イスラエルも違います。特にイランは混同されやすいのですが、もともとアラブ人とは違うインド・ヨーロッパ系の民族です。

「我々は古代ギリシャの時代から大帝国であったペルシャの末裔。イスラムが生まれるはるか昔からある、歴史ある民族だ」というプライドが、イラン人にはあります。

彼らの国・ササン朝ペルシャは七世紀、アラブとの戦争に負けてイスラム化しました。その際、アラブ文字を取り入れましたが、話すのも書くのもあくまでペルシャ語です。長く続いたペルシャ系の王朝では叙事詩や宮廷文学が数多く生まれており、自国の文化には相当なこだわりがある民族です。

私の感触では、「イラン人とは、元来西洋とも親和性のある人々」です。

一九七九年にシーア派の最高指導者ホメイニ師によるイラン革命が起きるまでは、かなり西洋の文明を受け入れていました。イランの首都テヘランの街を歩いていると、モスクとアラビア文字のペルシャ語を除けば、ヨーロッパの街にいるようで、女性のスカーフを見て「ああ、イスラムの国だ」と思うくらいです。

イランの宗教は先ほど述べた通りシーア派が多数なので、この点もアラブ諸国と大きく異なります。私たちが「中東は紛争が多い」と感じる理由は一九八〇年に始まったイラン・イラク戦争の影響もあると思いますが、これはペルシャ（イラン）ＶＳ．アラブ諸国のシーア派政権ＶＳ．スンナ派政権（イラクは現在はシーア派が多いが、当時はスンナ派政権だった）の戦いでもありました。

また、イスラムのもう一方の大国はトルコです。トルコ人はもともと中央アジア近辺にいたのですが、西進して中東方面にやってきました（なお、現在でもウズベキスタン、カザフスタンといった中央アジアの国々にはトルコ系の民族が多数います）。

セルジューク朝を経て、オスマン帝国になると、一四五三年にビザンツ帝国の首都コンスタンティノープルを陥落させます。その後、欧州も侵略して東欧・地中海地域を支配しました。一六世紀のスレイマン大帝の頃に最盛期を迎えます。宗教改革に揺れていた欧州は、オスマン帝国の勢力に心底おびえていたのです。

トルコは中東イスラム圏では後発ですが、オスマン帝国の栄光から誇り高い民族と言えるでしょう。

「ジハード」はテロリストのものではない

また、みなさんにぜひ覚えておいていただきたいのは、過激派による罪のない市民を殺戮するテロは、本来のイスラム教ともイスラム共同体が目指すこととも異なるものだということです。

自爆テロを行う過激派は「ジハード」と称していますが、誤解のもとだと困っているイスラム教徒はたくさんいます。「ジハード＝聖戦」と日本語では訳されますが、これが間違いなのです。**ジハードの本来の意味は、「イスラム共同体を守るために努力すること」です。**

ただし、コーランには「イスラム共同体に異教徒が攻めてきたら、平和を維持するために迎え撃ちなさい。ただし決して自分から仕掛けてはならない」という趣旨の記述があります。

何やら日本の自衛隊に似ていますが、これをきちんと理解すれば、罪のない市民に対して自爆テロを仕掛けたり、パリのシャルリー・エブド社を襲撃したりするのは決してコーランの教えではないとわかるでしょう。

それなのにテロリストたちが「ジハード」という言葉を好んで使うのは、イスラムの死生観に「ジハード」がかかわっているためだと思われます。

イスラム教徒は死を迎えた後、墓のなかで終末を待ち、終末がきたら生前の行いについて神から最後の審判を受けます。そこで天国に行くか地獄に行くかが決まるのです。

非イスラム教徒は、死んでしまえば地獄に直行。一方、ジハードによって命を落とした人（イスラムの平和を維持するために戦死した人）は、天国に行けるとされているのです。

イスラム教徒には、美女と美酒とご馳走があふれる天国の存在を強く信じている人が多くいます。「コーラン」にある天国を信じている人々が、自分たちに都合良くジハードを解釈して自爆テロを行う……そんな悲しい図式が見えてきます。

パレスチナ問題の根源とエルサレム

パレスチナ問題は、ご存知の通りエルサレムがユダヤ教、キリスト教、イスラム教にとっての聖地であることが、そもそもの始まりです。

ユダヤ教にとっては神殿があった場所であり、キリスト教にとってはイエスが磔になった場所であり、イスラム教にとってはムハンマドが一夜のうちに昇天する旅行（ミウラージュ）を経験した場所とされています。エルサレムの岩のドームには、最後の審判の前にすべての魂が集まるとされています。

長きにわたり離散していたユダヤ人がイスラエルを建国した際、パレスチナに住んでいたアラブ人が住む場所を失いました。二〇一八年五月にはトランプ大統領の命令によりイスラエルのアメリカ大使館がテルアビブからエルサレムに移されました。

しかし歴史的に見れば、パレスチナ問題が本格化する以前のユダヤ教徒とイスラム教徒はむしろ仲が良かったのです。なぜならレコンキスタの際に、イスラム教であるオスマン帝国が、スペインを追われたユダヤ人を受け入れた歴史があるからです。

ユダヤ教徒は手に職をつけていてビジネス感覚が優れていた点が、やはりビジネスを好むオスマン帝国にとって好都合だったのです。また、同じ啓典の民である影響もあります。

私はエルサレムを訪問するたびに、狭い旧市街でキリスト教徒、イスラム教徒、ユダヤ教徒が共存している姿を見て、エルサレムこそが宗教融和の象徴的都市になるべきであると強く感じます。

Islam 06

ビジネスにすぐに役立つイスラムのしきたり

宗教と生活が一体化しているイスラム

イスラムは政治から生活までが宗教と一体化しています。彼らと仕事をしていくなら、食事や礼拝などの知識についてある程度押さえておきましょう。

実際にイスラム教徒とビジネスをするためにも役立ちますし、思わぬビジネスチャンスが生まれることもあります。ずいぶん前ですが、韓国のＬＧエレクトロニクスが、礼拝の際にメッカの方角がわかる携帯電話を開発し、人気を集めたことがありました。

今はスマートフォンのアプリに取って替わられているようですが、ムスリムがあまりいない韓国がムスリム向けのビジネスを思いつき、成功していたという点がとても面白いではありませんか。

何より教養とは、知らなかったことを新しく知ることで深まっていきます。さっそくイスラム教の生活習慣を見ていきましょう。

注意したい！
礼拝とお辞儀の関係

イスラム教で特徴的なのは、何といっても礼拝（サラート）です。日本では、夕方の五時や六時に時刻を知らせる音楽をかける地域がありますが、イスラムの国ではモスクからアザーンと呼ばれる日本人にはまるで音楽のように聞こえる呼びかけがなされます。

礼拝は一日五回、人にもよりますがだいたい一五分から二〇分程度、メッカの方向に向かって祈ります。

ただし、「礼拝は絶対その時間にやらないとダメだ」というのは誤解です。礼拝は未明、昼、日没前、日没後、夜の五回とコーランにより規定されていますが、現実はある程度柔軟で、夜、帰宅してからまとめて礼拝をしても構わないとされています。

私は神戸情報大学院大学で教鞭をとっており、イスラム教徒の留学生と遠出もしますが、次のアポイントメントに向かって地下鉄に乗っている時、彼らが「礼拝の時間です」と言い出して途中下車するようなことはありません。そのあたりは一般の常識で動いています。ただし、普段オフィスで働いている時、イスラム教徒が「礼拝に行ってきます」と中座することは許されてしかるべきだと思いますし、配慮することも必要でしょう。

礼拝では「アッラーフ・アクバル（アッラーは偉大）」と唱えながら、立ったり座ったりして祈りを捧げます。頭を下げるのは「神への絶対的な帰依」を示すもの。だからこそ、イスラム教徒は人間に頭を下げることに抵抗があります。すぐにお辞儀をする日本人に対して違和感を覚える人も珍しくありません。イスラム教徒と仕事をする時は、お辞儀は極力控えておいたほうが良いでしょう。

また、イスラム教では、神の前での平等が大前提ですから、お客に対しても頭を下げることはありません。お客様は神様という日本との大きな違いです。物乞いもお金をもらっても特に頭を下げるわけではないのです。このあたりの考え方に、日本人ビジネスパーソンは違和感を持つかもしれませんが、イスラム教を理解するなかで慣れていくしかないでしょう。

ちなみに、日本人の目にイスラム教徒が宗教的に映るのは、独特の服装のせいもあると思います。女性は顔と手以外は隠すべきだと考えられています。ただし、顔を全部覆うのはイスラム教というよりは、アラビア半島などその地域の習慣と捉えたほうが良いでしょう。イスラム教徒の男性が髭を生やしていることが多いのは、彼らが理想とするムハンマドを真似ているからです。

モスクとイスラム芸術

イスラム教では偶像崇拝が禁止されたため、幾何学的装飾、文字装飾、植物の模様を使った装飾が発展しました。文字装飾と関連してカリグラフィー（書道）も優れたものが多く残されていますが、芸術にまで発展したのは、アラビア語文化圏と漢字文化圏のみの特徴です。

芸術としての書道がアラビア語と漢字で共通するというのは、私がイスラム教徒と文化について語る際の定番ネタです。世界各国の文化に合わせてネタを持っておくことは、ビジネスエリートに必須なのです。

どんな宗教であれ、その宗教施設を訪れることで、書籍やウェブとは違う形でその教えを〝体感〟することができます。本来おすすめしたいのは聖地メッカ（カーバ神殿のあるマスジド・ハラーム）やメディナ（預言者のモスク）なのですが、イスラム教徒でないと街自体に入れません。私は、サウジアラビアのジェッダからメッカの街の入口手前まで行きましたが、そこには、日本語で「イスラム教徒以外立入厳禁」と書いてありました。その場で引き返したのは言うまでもありません。

また、もう一つの聖地であるエルサレム宮殿の岩のドームやアル・アクサーモスクはその手前までは行けますが、やはり内部はイスラム教徒以外は立ち入り禁止です。

ここでは、非イスラム教徒の外国人でも入ることができるモスクやイスラム建築の代表的なものを挙げておきます。出張や旅行の際に、足を運んでみるといいでしょう。

岩のドーム（著者撮影）

イマームモスク（イラン・イスファハン）
サファビー朝ペルシャの首都であったイスファハンにあるイラン建築を代表するモスク。ペルシャンブルーの色使いは見事です。イスファハンは、一六世紀末にサファビー朝ペルシャの首都に定められ、「世界の半分」といわれるほど繁栄しました。

アヤソフィア（トルコ・イスタンブール）
もともとビザンツ帝国のギリシャ正教会の大聖堂でしたが、オスマン帝国の支配を受けてモスクに変容しました。ビザンチン建築とトルコ・イスラム文化が融合しています。

タージ・マハル（インド・アーグラ）
モスクではないが、ムガール帝国皇帝が妃のために建立した墓廟《ぼびょう》であり、インド・イスラム文化を象徴する建築物です。

ラマダンは イスラムの〝お正月〟

「断食なんて大変ですね。ラマダンはつらいでしょう」

あなたは気を使ったつもりでも、こう言うのはNG。イスラム教徒は気を悪くします。日本人には「ラマダン＝断食をしなければいけないつらい時期」と修行のように捉えている人が多いと思いますし、確かに一カ月間、日の出から日没まで食事も水も断つのですから、肉体的にはハードです。私もエジプトに住んでいた頃にトライしたことがありますが、飲まず食わずの日中に備えて、日の出前に起きて食事をするので睡眠不足にもなります。

英字新聞で、「アイスランドに住むイスラム教徒のつらいラマダン」という記事がありましたが、北欧にイスラム教が広まらなかったのは、春から夏の終わりには極端に昼が長くて夜が短いために、ラマダンがつらすぎることも一因ではないでしょうか。

ちなみに戦争に行っている人、妊婦、子ども、老人、病人、旅人はラマダンでも断食が免除されます。ラマダンで重要なのは、断食でみながひもじい思いをし、貧しい人を思いやることです。

ラマダンはまた、イスラム教徒にとって連帯感を強めるすばらしい一カ月です。「ラマダンカリーム！（ハッピーラマダン！）」という挨拶があるくらいで、イスラム教徒にこの挨拶をすると、間違いなく笑顔が返ってきます。

ラマダンの時期は「イスラム暦の第九月」と定められているので一〇日ほど毎年早まっていきます。年末年始ではないのですが、みなが集まるという意味で雰囲気は日本の年末からお正月にどこか似ています。

昼間はずっと我慢して、日没とともに家族みんなで集まって、大いにご馳走を食べて楽しく過ごします。

ラマダンが終わった後の祭りが、イスラム教最大の祭りであり、三日間続くイード・アル・フィトル。長年イスラム教徒とつき合った経験から、重要なアポイントメントはこのイード・アル・フィトルの時期を外すことをおすすめします。

なお、もう一つの重要な祭りが、巡礼月にあるイード・アル・アドハー（犠牲祭）で、その名の通り、家畜を供出します。

あなたがもし、ラマダンの時期にイスラムの国に出張に行ったとしても、ホテルなどでは多くの場合普通に食事ができます。ただし、レストランの窓が覆われていたりついたてがあったり、食べている姿がまわりの人に見えないよう、お店側が配慮しています。特にイスラムで禁じられているお酒は、ラマダン時期には決してイスラム教徒の前で飲まないよう注意すべきでしょう。

Islam 07

もし、イスラム教徒と仕事をするなら？

「ハラールフード」は用意しないほうがいい？

イスラム教徒と仕事をするなら、食事には気を使わなければいけません。食べてはいけないものがコーランに厳しく定められており、特に豚は全面禁止となっています。

最近、日本でもムスリムの観光客増加に伴い、ハラールフード（イスラムの戒律で許された食事）の認証ステッカーを掲示しているレストランが出てきました。ところが「ご安心ください、ハラールフードです」という気遣いは、実は日本人の片思い的なところもあるのです。なぜならイスラム教徒から見れば、日本のそれは〝なんちゃってハラール〟。「あなたはムスリムではなく、アッラーもコーランも理解していない。しかも自分は豚を食べて酒を飲んでいる。店で売るものだけハラールにしても本質的ではない」

本音ではそんなふうに捉えている人もいるようです（もちろんハラール認証はイスラム教徒に対する配慮であることは間違いないのでマイナスにはならないでしょう）。

豚由来の調味料も、豚を入れたことがある冷蔵庫もＮＧ。豚由来のコラーゲン化粧品もＮＧですから、日本人が「ハラールです！」と胸を張るのは、厳格な認証を取れば別ですが、現実問題として難しいかもしれません。

私のイスラム教徒の友人は、「『ハラール』より『ムスリム・フレンドリー』くらいの軽い表現のほうが誠実で感じがいいよ」と言っていましたが、なるほどと納得しました。

つけ加えておけば、「豚だと知らずに食べた場合、悔い改めれば許される」と解されているので、それほど神経質にならなくてもいいでしょう。

逆に、日本人がイスラムの国に行く場合は、豚がないだけで牛肉やチキンは食べられるので、「毎日トンカツを食べないと嫌だ」というのではない限り、困ることはなさそうです。

また、日本人はビジネスがらみの会食が多く、たいていお酒が入ります。ところがコーランでは、アルコールは禁じられています。実際、どのようにつき合うべきでしょうか。

中東と東南アジアのイスラム教徒を比べれば、礼拝や断食など戒律を守ることの厳しさについては、東南アジアのほうが若干緩やかです。もちろん個人差も大きいです。たとえば、エジプトではお酒を売っていますし、エジプト人のイスラム教徒の家に行くと「ちょっと内緒で一杯やるか」と、ニヤッとしながらお酒が出てくることも珍しくありません。イランでも自宅ではワインを飲んでいるイスラム教徒がいます。

もっとも、お酒を飲むのはもちろん見るのも嫌だという人もいます。

そのため結論としては、イスラム教徒との会食などの際は、「アルコールなし」にしておくのが無難でしょう。相手が実はお酒を飲みたいと思っていることが明確にわかる場合だけ、お酒を準備したら良いと思います。

もしも同僚がイスラム教徒の女性だったら？

イスラム教は男女を厳しく分ける場合があります。しかし、これからのビジネスシーンでは、取引先や同僚がイスラム教徒の女性という場合もあるでしょう。

もしもあなたが男性で、同僚がイスラム教徒の女性だとしても「一対一で同じ部屋にいるのはＮＧ」とまで神経質にならなくても大丈夫でしょう。仕事の場ですから、人事面談などで二人きりになることがあるのは当然だと相手も理解しています。

初対面の挨拶としては、イスラム教徒とは握手が基本。これはユダヤ教徒、キリスト教徒でも同じですが、日本人はちょっとお辞儀をしすぎです。相手が男性の場合お辞儀ではなく、まず笑顔で握手をし、自己紹介を添えるのがいいでしょう。

イスラム教では左手が不浄とされるので、右手で握手。日本人がしがちな両手握手も止めておきましょう。ちなみにヒンドゥー教でも左手は不浄とされ、キリスト教でも左手に対して禁忌の概念があります。**海外で握手をする場合は右手のみで行うのが無難です。**

あなたが男性で、相手がイスラム教徒の女性の場合に注意したいのは、握手はあくまで相手から手を差し出された時だけだということ。自分から握手を求めてはいけません。

あなたが女性であれば、握手は問題ありません。

ちなみにイスラム教徒のアラブ人の場合、親しい男性同士は握手に加えて頬ずりをしますが、私は郷に入っては郷に従えで頬ずりもしてきました。何事も慣れるものです。

Islam 08

相手を理解することが最強の武器となる

イスラム教の恋愛・結婚事情

日本には数万人から一〇万人程度の日本人イスラム教徒が居住しているといわれています（幅がある数字ですが正確な数字はわかっていません）。おそらくその多くは国際結婚にあたって改宗した人でしょう。イスラムの考えでは、啓典の民といわれる宗教の女性は結婚によって宗教を変える必要がなく、ユダヤ教徒の女性はユダヤ教徒のまま、キリスト教徒の女性はキリスト教徒のままで、イスラム教徒の男性と結婚します。一方で、仏教徒や神道の女性がイスラム教徒の男性と結婚する場合にはイスラム教に改宗する必要があります。ただし、イスラム教徒の女性と結婚する他の宗教の男性は、必ずイスラム教に改宗しなければなりません。

では、男女が厳しく分けられているイスラム教徒同士はどのように出会い、結婚しているのでしょう？　サウジアラビア駐在中、私が個人的にいろいろ聞いたところ次のようなケースが多いようです。

男性のイスラム教徒の場合は、まず母親かお姉さんが花嫁候補を見つけてきます。家族が決める以上、相手の家柄や経済力が考慮されており、いとこや親戚との結婚も多いようです。

男性は、家族が見つけた相手の家を訪ねるのですが、会うのは当人ではなくお父さん、お兄さんといった男性。お茶を飲んでいると、花嫁候補が一瞬ちらりと顔を見せる——これがお見合いなのだそうです。ようやく二人きりになれるのは結婚式が終わってからですから、ずいぶん極端です（もちろん個人差はあると思います）。

同じイスラムでも男女の同席さえ禁じているサウジアラビア、男女共学のエジプトやチュニジア、比較的自由な東南アジアやヨーロッパのイスラム教徒など、男女の関係にも国による違いはあります。あるインドネシア人のイスラム教徒の知人は、デートを重ねた自由恋愛の後に結婚したと話していました。

しかし、基本的にイスラム教の国では、婚約者でない限り二人きりのデートは難しいと思っていいでしょう。

余談ですが、私はエジプトとサウジアラビアの両国で結婚式・披露宴に出席した経験があります。

エジプトでは一〇〇人くらい出席した華やかなもので、音楽などもかけて男女が一緒に祝う、にぎやかな結婚式・披露宴でした。

サウジアラビアでは祝宴が男女で完全に分かれており、私は男性のみ三〇人程度で花婿を祝いました。開始は二〇時で、お茶やコーヒーで延々と歓談。女性の出席する披露宴は大変華やかだそうです。

二三時くらいになって初めて花婿が登場し、ハグと頬ずりを交わしました。その後はようやく出てきた食事をさっと食べて、二四時すぎにはお開きに。花嫁の姿は、とうとう最後まで目にすることがありませんでした。

イスラム教では、結婚が非常に奨励されています。結婚していないと、「どうして」と思われてしまいます。もっとも、男性が多くの準備、経済的負担を負うことから、結婚できない男性も出てきています。

イスラム男性の結婚のリアル

イスラム教徒のなかでも離婚や再婚はよくあるのですが、コーランは契約を重視するため、「離婚慰謝料はいくらか、財産分与は?」など、婚前契約を取り交わすことが珍しくありません。しかし、結婚のためには一定の財産が求められるのでイスラムの男性の結婚問題は意外と深刻です。

「イスラム教徒は四人も奥さんが持てていいなあ」と言う人がいますが、四人どころか一人とも結婚できない人が大勢いるのです。

なぜならコーランによると、男性は女性を全面的に、また複数の場合は平等に扶養しなければならないからです。

良い場所に立派な家を購入済みで、十二分に奥さんを養える経済力がないとダメ。「最初は賃貸でいい。共働きで頑張ろう」という日本とはかなり違います。カイロにいた頃も感じたのですが、普通に大学を出た二〇代のサラリーマン男性では親が金持ちでもない限り結婚は難しいのです。

そもそもイスラム教徒の男性の大多数は王族や大金持ちを除き、二人以上と結婚したいと思っていません。

「一夫多妻は最高だよ」と冗談まじりに言う人はいくらでもいますが、本音では「無理！」なのです。妻はみな平等に扱わなければならないので、普通に考えて生活費が二倍、三倍になります。また、精神的にも妻たちを平等に扱うというのは、かなりきつい。

さらに、イスラム女性も人間ですから、妻Aの家に行けば妻Bの愚痴を聞かされ、妻Bの家に行けば妻Aの悪口で、板挟みになって困り果てる……。そんな悩みも出てくるようです。

サウジアラビアの女性映画監督であるハイファ・アル＝マンスール監督によって撮影された「少女は自転車にのって」という映画では、第二夫人のもとに行こうとする夫と第一夫人との激しい口論のシーンが描かれ、サウジアラビア女性の悩みが見て取れます。この映画は、二〇一四年のアカデミー賞・外国語映画賞のサウジアラビア代表になりました。

また、二〇一九年一月に、サウジアラビアの女性が親の決めた強制結婚から逃れるためにカナダに難民申請をして認められた事件は衝撃でした。難民申請をするほど追い詰められた女性の気持ちや立場は、当人でないとわからないと自らの視野の狭さを恥じました。

アフガニスタンでは、宗教警察が女性の服装が問題であるとして暴行を加えた事件が発生しています。

婚姻関係にない男性と性交渉を持った女性を、その親族（父親や兄弟）が殺害する名誉殺人も完全にゼロになっていません。

確かに、問題と考えられる事例があるのは事実です。

しかし、これらはある意味極端な事例であり、特に名誉殺人については多くのイスラム教徒は許せないとして批判するでしょう。

コーランには、「男性でも女性でも、善い行いをする者が信仰者であり、彼らはみなが楽園に入り、誰一人不当に扱われることはない」という趣旨の記述があります。

にもかかわらず、大変な人権蹂躙《じゅうりん》に苦しんでいる女性がいることは忘れてはならないでしょう。

Column
イスラムのリアル

外務省のアラビア語研修生は、語学習得のために現地の家庭に住むことが伝統で、私も二年間エジプトのイスラム教徒の家庭に下宿しました。
平均的な庶民よりちょっとお金のある老夫婦とメイドさんが暮らす家で、私が借りていたのは3LDKのアパートのなかの一部屋。すでに独立していた老夫婦の子どもたちや孫ともつき合い、イスラムの庶民のリアルを見ることができた貴重な経験です。

サウジアラビア大使館駐在の頃は政務担当で、徹底的に役所や企業など様々な場所を訪問して人の話を聞くという情報収集が私の役割でした。目的はサウジアラビアの情勢を把握すること。「サウード家のアラビア」という国名通り独裁国家ですから、現地の新聞に出ているのは表面的な情報にすぎませんし、王の体調や王族のトラブルに伴う継承順位の変動からも目が離せません。一九七〇年代になっても国王が暗殺されるような国ですから、権力闘争は絶えませんでした。

二〇一八年一〇月のカショギ氏殺害に関連して、サウジ王室の権力闘争が表面化する恐れもあります。この事件ではサウジアラビアの権力の中枢にいるムハンマド皇太子の関与が疑われています。ムハンマド皇太子が今後権力を維持するのかどうか。王族のなかにはムハンマド皇太子より年長で一定の発言力を持つ人も多いため、今後の状況を注意深くフォローすべきだと考えます。

わたしが駐在していた当時、リヤド州の州知事だった現在のサルマン国王は、大使館のレセプション出席が仕事だったようで何度も顔を合わせたことがあります（といっても相手は下っ端の私のことを知る由もありませんが）。雅子様がサウジアラビアを訪問される際には、女性週刊誌のファッションスナップをあちらの担当者に見せて「この服はイスラムとして許されるか」などと相談したり……。

私にとっては得がたい経験ですが、情勢は刻々と変わりますし、エジプトやサウジアラビアだけがイスラムのすべてではありません。だからこそ、折を見てアラブ諸国やマレーシア、インドネシアなどを視察してイスラムのリアルをアップデートしています。あなたも機会があれば、ぜひイスラムの国を訪れてみてください。本書で得たイスラム教への理解が深まるでしょう。

第5章

ヒンドゥー教・仏教

日本文化に強い影響力がある兄弟のような宗教を一緒に学ぶ

Hinduism & Buddhism

Hinduism & Buddhism 01

IT大国インドの根源は宗教にあった!

タクシー運転手の「家計簿」からその国が見えてくる

海外出張の際、私はタクシーに乗って運転手と雑談をすることを楽しみにしています。

「どう、景気は?　最近お客さんは多いですか?」

ありふれた世間話ですが、これはなかば定番化した私の取材スタイルでもあります。株価や為替の変動はスマホでいくらでもわかりますが、現地の庶民の実感としての景気は、実際に聞くほうがリアルな情報となるためです。そのため、タクシーの運転手さんは恰好の取材対象なのです。

先日、インドでタクシーを利用した際も、本書の取材をかねてこう声をかけました。

「そう。景気は今一つですか。じゃあ、月にどれぐらいタクシーで稼げていますか？」

運転手は、自分のおおよその収入と、そのかなりの部分を息子の教育費に当てていることを話してくれました。

「うちは上が男の子でね。ぜんぶ英語で授業をする私立の学校に通っているんだよ。稼ぎの半分くらいは注ぎ込んでいるから、そりゃ大変だよ。でもね、大学まで行かせてやりたいからね」

インドはカースト制度がいまだに残り、タクシーの運転手は大変失礼ですがおそらく上流カースト出身ではないでしょう。

それでも子どもにはしっかりした英語を身につけさせ、きちんと勉強させたい。そうすればインドのいい大学に行けて、優良企業に入れます。父親が四〇代半ばとしても、息子は初任給から父親の何倍も稼げる――インドでリッチになるチャンスなのです。飛び抜けて優秀であれば、奨学金で海外に留学という道も開けます。

一人の運転手の話ですが、私は彼の話を聞きながら、インドのリアルだろうと感じました。今や多くのインド人が、ＧＡＦＡのようなＩＴ企業で活躍しています。大勢の若者が、頭脳でカーストの壁を超えようとしている……。

興味深いのはインド人の「頭脳」と「カースト」は、どちらも彼らが信じるヒンドゥー教とかかわりがあるという点です。

ヒンドゥー教と仏教のルーツは同じ

「ヒンドゥー教はイスラム教以上によくわからない」

もしかしたらあなたは、そんなふうに思っているかもしれません。しかし「私は無宗教です」と言う日本人もなじんでいるお寺や仏像や風習には、実はヒンドゥー教からきているものがたくさんあります。第1章で述べた通り、仏教はヒンドゥー教から派生したものです。ゆえに共通点が多いのです。

日本人が「ヒンドゥー教はよくわからない」と思っているのに対して、ヒンドゥー教徒は、「仏教はヒンドゥー教の一種だ」と考えている、そんな不思議なすれ違いがあります。

そこで第5章では、まずヒンドゥー教について述べ、次にヒンドゥー教のおおもとであるバラモン教から発生した仏教について説明します。バラモン教という語は日本の教科書には登場しますが、インドでは使いません。そのため本書では、仏教誕生以前の古い時代のバラモン教にも特に断らない限りヒンドゥー教という語を用います。

また、あらかじめお断りしておきますが、ヒンドゥー教については研究者の間でも解き明かされていない部分、意見が分かれる部分が多数残されています。本書ではあくまでビジネスパーソンに必要な要素に絞り、それぞれの特徴を見ていくこととします。

ヒンドゥー教徒、仏教徒はどこの国にいる？

インドの人口の八〇％がヒンドゥー教徒だといわれています。その他の国では、バングラデシュの人口の一〇％程度。インドネシアのバリ島、ネパール、フィジー。シンガポールとマレーシアのタミル人にも若干います。全世界で一〇から一一億人程度といわれます。**キリスト教徒、イスラム教徒に次いでヒンドゥー教徒は第三位の人口になります。**

もっとも、ヒンドゥー教は基本的にはインドの宗教で、教徒の人口が多い宗教と言えども世界的な広がりはそれほどありません。

Hinduism & Buddhism 02

ヒンドゥー教はどのように生まれ、今にいたるのか

ヒンドゥー教は二つの多神教から生まれた

現在のインドに当たる地域には、古代から先住民族ドラヴィダ人が住んでいました。インダス文明を築いたといわれる人々で、彼らは自然崇拝に近い多神教の信仰を持っていて、瞑想やヨーガの原型もすでに行われていたようです。

そこへインド・ヨーロッパ系のアーリア人が移住してきたのが、紀元前一五〇〇年頃。ア

ーリア人も多神教で、いろいろな神様を祀っていました。やがてそのアーリア人がドラヴィダ人を飲み込むような形で、二つの民族と信仰は徐々に混じり合っていきます。

この時代のインドの神様のうち、よく知られているのが英雄の神インドラで、日本人には「フーテンの寅さん」でおなじみの東京の柴又・帝釈天のルーツでもあります。多くの日本人にとってなじみのある帝釈天のルーツが古代インドにまで遡るとは、ヒンドゥー教と日本との関係は深そうです。他にも火の神アグニ、太陽の神スーリヤ、水の神ヴァルナなど、人々はいろいろな神を信じていました。

この多神教は、やがて「ヴェーダ（＝知識）」という聖典にまとめられます。その一つ「リグ・ヴェーダ」は神への賛歌であり、宗教の出発点になるようなものです。

キーパーソン不在でヒンドゥー教が誕生

「じゃあ、ヴェーダができたときがヒンドゥー教の始まり？　神の啓示を受けた預言者がいたんですか？」

このような疑問が湧いてくるかもしれませんが、ここがヒンドゥー教の摩訶不思議なところです。イエスやムハンマドのような預言者がいたわけではなく、特定の預言者へ神の啓示があったわけでもありません。信じている多神教をまとめて、聖典のヴェーダができて、宗教としての形が整っていきました。

それにつれて、独占的に祭事を司る司祭（バラモン。英語ではBrahmin〈ブラフマン〉）という身分が生まれたので、西洋の人々はインドのこの宗教を「バラモン教」と呼びました。そのうち、ヒンドゥー教から分かれた仏教が生まれ、一時インドで多くの信者を得ました。インド人からすると、西洋人が言うバラモン教もヒンドゥー教も仏教も全部一体化しているということです。

紀元前一五〇〇年頃に始まったといわれている古い宗教で、すばらしい聖典もあるのに、どうにも捉えがたい。この曖昧さ、自由さこそ、ヒンドゥー教の特徴の一つと言えます。

聖書やコーランが聖典である3大一神教に比べ、ヒンドゥー教も仏教も聖典の量が膨大です。聖典の多さやその範囲の曖昧さもヒンドゥー教と仏教をわかりにくくしていると言えます。

宇宙と人間の本質を追求する「ウパニシャッド哲学」

紀元前六世紀に、ヒンドゥー教の根本になる考え方がまとめられました。これがウパニシャッド哲学であり、その根幹は、「梵我一如」です。

梵とは「宇宙の本質」を意味し、英語だと「ブラフマン」。我は人間個人の自我で、英語だと「アートマン」です。人間（＝我、アートマン）が解脱（モクシャ）すると、最終的に宇宙（＝梵、ブラフマン）と結合し、一体化（＝一如）します。つまり「梵我一如」です。人と宇宙の本質が一つになり宇宙と人間がつながる――これがヒンドゥー教の究極の状態なのです。

哲学といえば、アリストテレス、ソクラテス、プラトンなどギリシャ哲学がよく知られていますが、紀元前六世紀の時点で、すでに宇宙の真理と人間の自我について考えられていたのですから、ウパニシャッド哲学も同じレベルの深い思考だと言えるでしょう。**抽象的な概念を論理的に解析したり、真理をどこまでも探究したりするインド人の奥深い思考は、ウパニシャッド哲学に遡ることができると私は考えています。**

また、解脱するまで生前の行為（カルマ）にもとづき、何度も生まれ変わるという「輪廻転生」も、ウパニシャッド哲学の大きな要素で、仏教にも受け継がれました。

ウパニシャッド哲学という言葉は世界史の教科書に出てきますが、実はインド人と話をしてもあまり耳にしません。実際にインドのビジネスエリートが日常的に大切にしているのは「マハーバーラタ」と「ラーマーヤナ」。

マハーバーラタは作者不詳の壮大な叙事詩で、五世紀頃にまとめられたといわれています。全一八巻もあり、その長さは聖書の四倍という膨大なもの。物語を通して、ヒンドゥー教徒としてのあるべき姿が描かれています。

そのなかでも重要なのが、第六巻におさめられた「バガヴァッド・ギーター」という叙事詩です。インド独立運動のマハトマ・ガンディーが心の支えにしていたことで知られ、単に「ギーター」と呼ばれることもあります。

バガヴァッド・ギーターの主人公はアルジュナという名の王子。王子と王子が乗る戦闘用馬車の御者・クリシュナの対話形式でヒンドゥー教の深遠な教えを伝えていきます。

もう一方の叙事詩であるラーマーヤナは、ラーマ王子が、妻シーターを奪還するために、ラーヴァナ王に戦いを挑む話が中核です。ラーマーヤナは、東南アジアにも広がり、多くの演劇などで演じられています。

ヒンドゥー教においてもう一つ忘れてはならない聖典は「マヌの法典」です。

一二章からなり、民法・刑法、天地創造、人生は学生期、家住期、林棲期、遊行期に分けて考えるという四住期の概念、輪廻や解脱などについて書いてあります。

時代的にはマハーバーラタよりも新しく、様々なヒンドゥー教の見解を法典という形でまとめています。

ヒンドゥー教の自由すぎる神々

ユダヤ教、キリスト教、イスラム教のような一神教は、最後の審判で天国に行けても、神になることはできません。この三つの宗教は、すでに説明してきたように共通する全知全能で唯一無二の神を信じており、神と人をくっきりと分けています。

ところが、ヒンドゥー教には最後の審判はなく、輪廻転生ですから死を迎えても解脱するまで何度も生まれ変わります。

ヒンドゥー教では宇宙の本質が梵（ブラフマン）で、その宇宙をつくった神（ブラフマー）がいるとされていますが、一般にブラフマーは一神教における神のような唯一絶対の神とは捉えられていません。「バガヴァッド・ギーター」に登場したヴィシュヌ（維持）、シヴァ（破壊と再生）、ブラフマー（創造）を合わせて三大神と呼ばれることもあります。

今のインドでは、ブラフマーを神として信じている人は少なく、宇宙の創造にまつわるものと捉えられています。そこで残る二つのヴィシュヌ神とシヴァ神が二大派閥となっています。

しかし、この二つの神は、「信じている人が多い」というだけで、神としてガネーシャやラクシュミーなどの他の神より上位というわけではありません。

「私はヴィシュヌを信じているので、ヴィシュヌが祀ってあるこのお寺に行きます」

「私はガネーシャが好きだから、出勤前にはこのお寺に毎朝寄るんですよ」

二一世紀の今はこんな具合に人それぞれ信じる神様がいろいろあって、日常的にその神が祀られたお寺に拝みに行く……この多神教らしい自由さが、ヒンドゥー教のスタイル。

また、「私はヴィシュヌ神を信じている」という人が何人かいても、みんなが同じヴィシュヌ神を信じているとは限りません。ヴィシュヌ神の像や絵を見ると、基本的に青い肌に四本の手を持っていますが、王子の御者に変身していたため、化身となって現れるゆえに姿形も様々。どのような神かの解釈も、ヒンドゥー教徒によって異なります。

それはシヴァ神も同じで、一般に額に第三の目を持ち、首に蛇が巻きついた姿で描かれますが、シヴァ神が祀られている寺ではリンガ（男性器の偶像）が崇拝の対象。シヴァは「破壊と再生の神」であるばかりか、ヨーガの神、瞑想の神、芸術の神でもあり、宗派によっては唯一神だったりします。

はっきりとした説明ができないし、はっきり説明する人がいたら、「それは違う」と別の説明を始める人がいる……それがヒンドゥー教の神々と言っていいでしょう。

Hinduism & Buddhism 03

ヒンドゥー教と仏教の深い関係

バラモンの権威を認めない仏教が誕生

ウパニシャッド哲学という奥深いものがまとめられ、バガヴァッド・ギーターのような聖典ができ、次第に宗教としての形が整っていく一方で、インド半島では変わらず王国の戦いが続いていました。そこで絶対権力者であった司祭（バラモン）よりもクシャトリア（王族、軍人）が権力を持つようになります。

これらはカースト制度の階級で、その原型は紀元前一〇〇〇年以前にすでにあったともいわれています。

「生まれながらに身分が決まっていて、どんなに努力しようと変えることはできない」

現代の日本人にはとうてい受け入れられない考え方ですが、当時のインドの人々はその階級制度を受け入れていました。もっとも、司祭や王族・貴族、奴隷といった階級は、かつてどの地域にもあったのですからヒンドゥー教が特殊なわけではありません。しかし、カーストは宗教と結びつき、現在にいたるまで長きにわたり続いている点が特徴的です（カーストによる差別はインド憲法で禁止されていますが現実には存在します）。

ところが、紀元前五世紀にバラモンの権威を否定したのがガウタマ・シッダールタ、すなわち釈尊。そこから生まれたのが仏教です。

先ほどヴィシュヌ神は様々な姿に変身すると書きましたが、ヴィシュヌ神を信じるヒンドゥー教徒にとっては、ヴィシュヌ神には一〇の化身があって、お釈迦様（釈尊）はその一つ。つまり「お釈迦様＝ヴィシュヌ神」なのです。

そんな彼らは当然のごとく「仏教ってヒンドゥー教だよね」と今も考えています。ヒンドゥー教徒のインド人と仏教徒の日本人が結婚するとしても、インド人は「私たちは同じ宗教だ」という感覚で受け入れます。実際に私のまわりにいるヒンドゥー教徒と結婚した日本人に聞いても、宗教上のやりづらさは食事など一部を除きほとんどないようです。

さて、仏教誕生と同じ頃、ヒンドゥー教からは、ジャイナ教などいくつもの宗教が生まれています。ジャイナ教はマハーヴィーラを開祖として生まれ、「肉を食うな、殺生するな、服を着るな!」というように、極端に厳格な教えを説いています。路上で虫を吸い込まないよう、マスクをして生活する人たちすらいるといわれています。

元からあったヒンドゥー教の教えは、新興宗教である仏教の影響を受けて微妙に変化し、土着の民間信仰なども受け入れて現在のヒンドゥー教となっていくのです。

ヒンドゥー教とイスラム教の意外な関係

釈尊が始めた仏教は、反カーストに共感する人々に受け入れられてインドで興隆し、その勢力をアジア全域に広げていきます。

紀元前四世紀の終わりに、インド初の統一王朝であるマウリア朝が誕生し、紀元前三世紀のアショーカ王の時代に仏教が非常に栄えます。アショーカ王は釈尊についての詳細な記録を多数残しており、釈尊の実在性はアショーカ王によって証明されていると考えられています。

四世紀のグプタ朝の時代になると、ヒンドゥー教は現在の形に近いものとなり、ヒンドゥー教が再び優位に立ちます。インド生まれの仏教がインドでは広まらなかった理由は、多くの王朝で権力を握っていたのがヒンドゥー教徒だったためです。カースト上位者にとっては、身分制度があったほうが国を治めるのに都合が良かったというわけです。

また、グプタ朝時代は芸術も発展しました。インド最大の詩人であり劇作家といわれるカーリダーサが活躍したのもこの時期。王との恋愛を描いた『シャクンタラー』は味わい深い恋愛物語であり、文豪ゲーテがいたく感動し、あの『ファウスト』に影響を与えたといわれています。また、グプタ美術は、アジャンター石窟壁画や奈良法隆寺金堂壁画でも表現されており、古代インドの芸術文化の影響は実は大きいのです。

『シャクンタラー』ラヴィ・ヴァルマ作

その後、イスラム教が起こり、

早くも七世紀には現在のインドの領域に到達します。

インドでイスラム教徒の勢力は強まり、一三世紀以降、北部ではデリー・スルタン朝と総称される五つのイスラム系の王朝が生まれました。インドと中東は、日本人から見るとずいぶんと違う地域・文化に思えますが、歴史的に見れば交流も多く現在でも両者間に一定のシンパシーがあるようです。イスラム系王朝の興隆によって、一三世紀を迎える頃には、仏教は発祥の地インドからほとんど姿を消してしまいました。

一六世紀になるとインドはイラン系のムガール帝国に征服されます。有名なタージ・マハルはイスラムの建築物であることからわかるように、イスラム教の王朝です。すでに述べた通りイスラム教は改宗を強制しないので、ムガール帝国は、「支配者はイスラム教、国民はヒンドゥー教」という、何やらねじれ国会のような国になりました。

余談ながら、現代のインドの映画産業を支えるインド人俳優には、アーミル・カーンやシャー・ルク・カーンなどイスラム教徒が多数います。一方で、宗教施設の攻撃などヒンドゥー教徒とイスラム教徒とのもめ事のニュースは後を絶ちません。**インドにおいては、ヒンドゥー教徒とイスラム教徒の対立と融和の両方の面が見て取れます。**

ヒンドゥー教はその後も外国へ積極的に布教を行わなかったために、ネパールなど近隣の国とインドネシアのバリなど、一部を除き他の国に広がることはありませんでした。

一六世紀半ばには、ムガール帝国のアクバル帝はヒンドゥー教徒とイスラム教徒の融和を図るため、異教徒税であるジズヤも廃止しています。アクバル帝はまた、ヒンドゥー僧侶、イスラム法学者、キリスト教宣教師らを招いて、「公開討論」を催しました。これは統一した宗教の創設を考えていたためだとの見方もあります。

統一宗教創設への動きは世界史上あまり例がなく、ヒンドゥー教やイスラム教、仏教やシク教など多くの宗教が交錯したインドならではのユニークな試みだったと思います。

一八世紀以降、インドはイギリスなど欧州列強の進出を受けました。一九世紀以降には、イギリスの植民地になり、ヒンドゥー教は、西洋文化、キリスト教文化の影響を受けました。

Hinduism & Buddhism 04

覚えておきたい
ヒンドゥー教の教え

ルールに縛られないのが
ヒンドゥー教のルール？

ユダヤ教の戒律は六一三もあり、イスラム教にはコーランに定められている六信五行の他に、細かな行動規範が何百もあります。キリスト教は愛の宗教なので、「とにかく神を愛し、信じなさい。隣人を愛しなさい」という点が重要です。そのためか、ルールはかなり少ないと言っていいでしょう。

一方、ヒンドゥー教は自分の教徒に対しても異教徒に対しても裁量の余地が大きく、「何が正しく、何が間違っている」という線引きが難しいのです。ルールは少なく、白黒をつけないグレーどころか、極彩色なのかもしれません。そういえば、ヒンドゥー教の寺院は様々な神が驚くほど色鮮やかに祀られています。

服装についても、ヒンドゥー教徒は比較的自由です。特徴的なサリーなどは、宗教上のものではなく、伝統的なインドの服装。ターバンを巻いた男性はヒンドゥー教徒ではなく、一六世紀に誕生したシク教徒であることがほとんどです。

本書の執筆にあたって、インド駐在が長い知人にヒンドゥー教について改めて尋ねてみたところ、こんな答えが返ってきました。

「三〇年、ヒンドゥー教についていろいろ学んだ結論としてわかったことは、『やっぱりヒンドゥー教というのは、よくわからない』ということだ」

さらにきちんとお参りに行っているヒンドゥー教徒のインド人にも、疑問が生じるたびにあれこれ聞いてみましたが、同じく答えは「うーん、よくわからない」でした。

彼らに理解できないのですから、日本のビジネスパーソンがヒンドゥー教全体を完全に理解しようとするのは不可能なのかもしれません。ここではできる範囲でヒンドゥー教のポイントをまとめておきたいと思います。

解脱に必要な三つのこと

ヒンドゥー教徒は最終的に解脱（モクシャ）して、宇宙の本質と一体化することを究極の姿としています。

宇宙と一体化とは理解しがたい概念ですが悟りのようなものと捉えれば良いでしょう。古代よりインドでは、人生の目標はダルマ（規範を守る）、アルタ（実利を追求する）、カーマ（性愛を求める）の三つとされていました。しかし、これら現世的な目標の達成では解脱ができないのです。では、解脱のために何が必要なのかといえば、これも諸説ありすぎて「これです」と断言することはできません。

ここではオーソドックスな考え方である解脱に必要な三つのことを紹介しておきます。

1　信愛（バクティ・ヨーガ）：神様を信じる
2　行為（カルマ・ヨーガ）：祭祀を司る、お布施をする、瞑想するなど信じるだけでなく実際に行動する
3　知識（ジュニャーナ・ヨーガ）：知識をちゃんと身につける

また、不殺生を重視するヒンドゥー教では、肉食に対する忌避感が強くあるため、菜食主義の人が多くいます。菜食のほうが輪廻転生の後、より高いカーストとして生まれることができると考えている人もいるのです。

解脱する前に輪廻転生がありますから、何度も「生まれて死んで」を繰り返します。今の人生で一生懸命に神様を信じたので来世はちょっとカーストが上がり、その生で徳を積めば次はもっと良いカーストに生まれ変わり……。この繰り返しの末に解脱があるという考え方をするということです。

ヒンドゥー教徒とステーキ店で会食してはいけない

ヒンドゥー教には、バガヴァッド・ギーターに載っているような禁欲的な考えもあれば、快楽的な考えもあるなど様々な思想が入り混じっています。

ただし、日本のビジネスパーソンがヒンドゥー教徒と仕事をする場合、決して忘れてはならないのが、ご存知の通り牛です。

ヒンドゥー教徒にとって、牛は神聖な動物。もともと神の乗り物で、ある種、神格化され

ています。ムンバイのような大都会は別として、インドの田舎を旅したことがある人は、車に交じって自由に歩く〝野良牛〟に驚いたことがあるかもしれません。

誤って牛を殺してしまった人が殺されるという、江戸時代の生類憐みの令のような事件があるほど、インドにとって牛は社会問題でもあります。

ユダヤ教、キリスト教、イスラム教のような一神教は「一位は神、二位が人間、三位は動物」と序列がはっきりあり区別されていますが、ヒンドゥー教はこの点が曖昧です。

個人的な意見ではありますが、奈良の鹿はインドの牛ほどではないものの、大切にされていると感じます。野生の動物が尊重されつつ家畜やペットではなく一動物として街のなかに溶け込んでいるのは、九四カ国を訪れた私の経験でもインドの牛と奈良の鹿、後はネパールのある街の猿くらいです。

エジプトや中東ではラクダが生活に溶け込んでいますが、単なる運搬の道具にすぎません。このあたりにヒンドゥー教・仏教における人間と動物の共生を感じるのは私だけでしょうか。

ユダヤ教徒はウロコのない魚など、イスラム教徒は豚と、「食べないもの」がある宗教は他にもありますが、理由はそれらが「神によって禁止されているから」です。ヒンドゥー教徒が牛を食べないのは、聖なるものだから。ゆえに万が一口にしたら、深刻な問題になります。もっとも、日本在住のヒンドゥー教徒のなかには牛肉を食べる人もいます。最終的には人それぞれではあります。

言うまでもないことですが、ステーキやすき焼きなど日本人にとって「おもてなし」のつもりの牛肉は、地雷どころかミサイルとなりますから、くれぐれも注意しましょう。

また、ヒンドゥー教では、血液や唾液を穢《けが》れと捉えるので、鍋料理のように直箸で他人と一緒に料理をつつくのもNGです（世界ではキリスト教徒もイスラム教徒も直箸は一般にNGと考えていたほうが良いでしょう）。浄・不浄の概念が日本とは違っています。

また、カーストが違う人同士が同じ食卓を囲むことを喜ばないヒンドゥー教徒もいますので、デリケートな配慮が必要です。

Hinduism & Buddhism 05

知っておきたいカースト制度のリアル

「ヴァルナ」と「ジャーティ」こそ、カースト制度の基礎の基礎

「カースト」とは、階層を意味するポルトガル語。インドのサンスクリット語にカーストという言葉はありません。「ヴァルナ」という四つの身分と「ジャーティ」という細かい身分の区別があり、その二つを合わせて西欧の人々が「カースト制度」と呼んでいるのです。

よく知られている四つのヴァルナは、バラモン（司祭）、クシャトリア（王族、軍人）、ヴァ

イシャ（平民）、シュードラ（隷属民）です。さらにシュードラの下には「ダリット」というカーストを持たないカースト制度の外に位置づけられる最下層身分の人々がいます。アウトカースト、アンタッチャブルなど多様な言い方がありますが、**ダリットという言い方が一番差別的な響きがないようで、最近の英語メディアなどではダリットという表現が増えています。**バラモンがトップですが、クシャトリアが事実上の実権を握った歴史があり、今もエリートや富裕層などにクシャトリアは多くいます。

「ジャーティ」には細かな分類があり、その人がどんな職業に就くべきかが定められています。なんと二〇〇〇から三〇〇〇種類あるというのですから、驚くべき細かさです。ヒンドゥー教徒の人間関係はジャーティのなかにあり、人づき合いも婚姻も原則としてこのなかで行われてきたのです。

ヒンドゥー教徒と仕事をする時、カーストは話題にしていいのか？

一般論としてカーストの問題についてインド人に聞くと、「いや、今はそれほど問題ではありません」と、だいたいは答えます。カーストによる差別はインド憲法で禁止されています。カースト差別禁止の歴史で大きな貢献をしたのが、ダリット出身のアンベードカル。

インド独立後にガンディー首相の下で法務大臣を務め、インド憲法の制定に尽力した人物で、カースト差別禁止を憲法の条項に入れました。

また、「インドの人口の何％がバラモンで……」という割合は明確にはわかっていません。しかし、日本のビジネスパーソンが忘れてはいけないのは、大半のインド人のなかでは、「自分はこのカーストに属している。だからこの人は上で、この人は下だ」という心理が決して消えていないということです。

たとえば、私のヒンドゥー教の友人は、折に触れ、「いや、僕はクシャトリアだから」と若干の誇りを込めて口にします。これは彼が特殊なのではなく、ヒンドゥー教徒が持つ一つの感覚。インドでは「あの人はこのカーストだ」というのはお互いわかっていて、カーストに応じてそれなりに距離を取っているようです。憲法上は禁止されていても、実際には結婚など多方面にわたって今もカーストの影響がおよんでいるのです。

もしもあなたがヒンドゥー教徒と仕事をすることになったら、相手に「あなたのカーストは何ですか？」と尋ねるのは、あまりにも失礼で危険です。しかし、まったく知らずにいても何かの拍子でトラブルのもとになるかもしれません。

もし可能であれば、同僚のヒンドゥー教徒の信頼できる人に、他の人たちのカーストについて、それとなく注意すべき事項を確認するといいでしょう。

数学科からIT企業が脱カーストへの道？

カースト制度も変わりつつあると知っておくことも大切です。

近代以降はダリットであっても、頭角を現すチャンスがあります。ダリット出身の大統領（一九九七年から二〇〇二年まで大統領を務めたナラヤナン）もいますし、モディ首相も下のほうのカーストの出身だといわれています。

東京裁判のパール判事も、低いカーストの出身でかなり貧しい家に育ちました。しかし、あまりにも優秀なので「この子を学校に行かせよう！」と呼び掛けたカルカッタの大金持ちの資金で勉強し、裁判官になったそうです。インドの良い意味での人材の流動性を感じる話です。現在は、ダリットの子どもへの奨学金制度を設けている州もあります。

ヒンドゥー教徒は公的な制度以外にいろいろな形で機会と資金援助を得ることができます。なぜならヒンドゥー教には「大いに稼いで盛大にお布施をする」という考え方があるからです。５大宗教すべてが、貧しい人や恵まれない人への援助を説いていますが、ヒンドゥー教は特に「たくさん稼げばたくさん寄付できる」という点を重視しています。

こうして優秀な若者はインド工科大学に行ったり、アメリカの大学に留学してグーグルに入ったりして、事実上の脱カーストを果たしています。

さらに、ジャーティは現代の職業とは若干ズレがあります。たとえばＩＴ企業は存在すらなかったので、ジャーティでの区分はありません。だからこそ、インフォシス、ウィプロ、タタ・コンサルタンシー・サービシズといった企業が、カーストに関係のない実力本位の雇用を実現しています。

今はダリットが政治・経済の要職に就くことも珍しくはなくなりました。また、ダリット（指定カースト）と先住民族（指定部族）については、教育、公務員としての雇用、議会の議席において一定枠が確保される制度もあります。ダリットの権利向上を掲げる政党もあるくらいですから、今後もカーストの下のほうの人の権利は拡大していくでしょう。

差別や偏見も根強いですが、それですべてが決まるわけではなく流動性もあり、優秀な人は活躍しうる――これが二一世紀のカースト制度のリアルだと思います。

ヒンドゥー教徒の結婚と女性の活躍

イスラム教徒の男性は家の購入など経済的な面で結婚が大変だと述べましたが、インドは逆で、女性側に持参金を準備することが求められます。

ヒンドゥー教徒の結婚式は時間もお金もかけて入念に準備されるのが一般的で、年収の何倍もかけた式を行います。日本と比べるとかなり派手で、何日も続くことがありますので、招待された場合は覚悟が必要です。

また、ヒンドゥー教はヴィシュヌ神の妻にあたるラクシュミーなど、女神もたくさんいるのですが、実際には性暴力も多く、女性差別が今も根強く残っています。

そのためインドと取引がある日本企業の方に、「女性社員がインドに赴任するのはどうでしょうか」という質問を受けますが、これは事情が異なります。

インドにも女性経営者は大勢いますし、女性の総理大臣もいたわけですから、女性であるがゆえに社会にかかわれないということではありません。インドの女性とビジネス上の取引があった場合、特に「女性だから」と意識しすぎないことが大切でしょう。

イスラム教と同じくヒンドゥー教でも、日本人男性は相手が女性であることを意識しすぎてうまく関係を構築できないことがあるように感じます。日本人女性もインドは男性社会だからと考えすぎず、どんどん赴任して成果を上げてもらいたいものです。

Hindusim & Buddhism 06

仏教はどのように生まれ、今にいたるのか

仏教はヒンドゥー教への反発で生まれた

ヒンドゥー教についてひと通りポイントを述べたところで、時計の針をぐっと戻して紀元前五世紀にヒンドゥー教から派生した仏教について説明していきましょう。

仏教の仏典のうち、「パーリ仏典」というごく初期のものがあります。パーリ語という古代のインドで使われていた言葉で書かれていますが、今は日本語訳も出ているので、名前

くらいは押さえておくことをおすすめします。

その一部「スッタニパータ」は、スッタ（お経）のニパータ（集まり）という意味で、お経を集めたもの。釈尊の教えにかなり近く、初期仏教の仏典といわれています。

私は何度もこの本を読んでいるのですが、「バラモンは生まれながらにして偉いのではなく、行動によって偉くなるべきだ」という主張が繰り返し出てきます。当時、一番権力を持っていたバラモン教の司祭を、釈尊が強く批判していたことがわかります。

仏教のゴールは「涅槃」

仏教の開祖ガウタマ・シッダールタ（釈尊）は、紀元前五世紀に現在のネパール領であるルンビニで生まれたといわれています。シッダールタは実在した人物であるというのが定説です。ただし生年・没年については諸説あります。

シッダールタのことをお釈迦様というのは、釈迦族出身だからです。王子として何不自由ない暮らしをしていましたが、ある時、市井の人々の生活を目にして、生・病・老・死という四大苦から逃れる方法を見つけたいと願うようになります。なお、現在の日本人が使う「四苦八苦」の四苦がこの四つの苦です。

二九歳で妻子も豪華な暮らしも捨てて修行を始めたシッダールタは、断食や止息（呼吸を止める）、片足で立つなど苦行をします。やがてすっかりやせ細った時にスジャータという娘から粥の施しを受け、「極端な苦行も快楽も良くない。苦行では悟りを開けない」と知ります。

そして、三五歳の時、ブッダガヤの菩提樹の下で悟りを開きました。悟りを開いた後は、仏陀となり釈尊と呼ばれます。仏陀とは釈尊のことだけを指すのではなく、サンスクリット語で「目覚める」という意味のbudhの過去分詞型であり、「目覚めた人」「悟った人」といった意味の名詞です。

釈尊は、「自分が説いても人々は悟りの境地にいたることができない」と考えて教えを広めることを躊躇しましたが、梵天に人々に教えを説くようにすすめられ布教を始めます。サルナートでの初めての布教では、四諦、八正道、中道を説きました（初めて仏教の教義を説いたことを初転法輪と言います）。これがよく知られたお釈迦様の物語です。

アショーカ王は釈尊の入滅後およそ一〇〇年、紀元前三世紀ぐらい（シッダールタの没年によります）の人物だといわれていますが、この時代にインドでは仏教が全盛となりました。

釈尊が説いた初期仏教が目指すところは、生死を超えた悟りの境地である涅槃《ねはん》にいたることです。

涅槃というのは、他の宗教にはない独特の概念です。イスラム教の天国は、ご馳走とお酒があふれています。ところが涅槃は、迷いも執着も何もない状態を指します。釈尊の教えには、「涅槃は最高の幸福である」との言葉があります。

輪廻転生や解脱は、仏教とヒンドゥー教に共通する考えですが、**似ているようで少し異なります。ヒンドゥー教では輪廻転生を離れて宇宙の本質と人の本質が一体化し、仏教では悟りを開き涅槃にいたるということになります。**

仏陀のコンセプト「四法印」と「四諦」の基礎の基礎

輪廻転生や解脱については、ヒンドゥー教と仏教ではある程度共通しています。生まれ変わりを繰り返すと、最終的に悩みや苦しみがある人間の世界を離れて解脱できるのです。行いがあまりにひどいと動物や虫に生まれ変わることがあるとの考えもあります。仏教の六道輪廻という考え方では、天、人、修羅、畜生、餓鬼、地獄の六つのどれかに転生すると考えられています。しかし「悟り」という概念は、仏教独自のもの。ビジネスリーダーなら覚えておきたい哲学的な考え方です。

真実を悟った時、シッダールタは仏陀となり、解脱して涅槃に入ったのです。

こうなると何が真実かを知りたくなります。仏教の場合、神や預言者が明確に語ってくれていないこともあり、膨大な経典から解釈していくことになります。

初期の経典をもとにいわれるのが、次の「四法印」です（諸説あります）。

では、仏教の重要な概念である「四法印」について必要なことを押さえておきましょう。

1　諸行無常

『平家物語』にも出てくるので、ご存知かもしれませんが、もともとは仏教がルーツです。

物事はすべて常に変わっていて、たとえば今、あなたの目の前にあるこの本も永遠に存在するわけではありません。今あなたがいる部屋も、一〇〇〇年も同じ状態であるはずがなく、あなた自身もそれは同じです。さらに昨日のあなたと今日のあなたはすでに変わっています。今なら「細胞は日々変化し、生まれ変わっている」と科学的に証明されていますが、それを紀元前に釈尊は悟ったということです。

2　諸法無我

簡単に言うと、「物事すべては関係性のなかで成り立っている」。逆に言うと、「関係性なしでは何も存在しない」ということ。

たとえばあなたが今生きているのは、親との親子関係があるためで、親はその親との親子関係があるから存在しています。会社で仕事をしているのも、いろいろな人々との関係性があるゆえです。

哲学的で難しい概念ですが、「他の人間も動物も星もなかったら、自分は存在していると言えるのでしょうか」といった問いと関連すると私は考えています。まわりの人がいて、物があり、その関係性があるから自分が存在すると言えるのではないでしょうか。

3　一切皆苦

世の中のことはすべて苦しいということ。生きるとは苦しみであるという考え方です。今は幸せであったとしても、人はみな病気になるし、いずれは死にます。どれだけお金があっても、やさしい家族に恵まれていても、それが永遠に続かないのならば実は楽しいことではなく、苦しみだということです。

4　涅槃寂静

煩悩や迷い、悩みがなくなった悟りの境地である涅槃とは、静かな安らぎの境地であるということ。

仏教のコンセプトとしてもう一つ外せないのが、四諦です。

四諦とは、苦諦（一切は苦である）、集諦（苦の原因は執着などである）、滅諦（執着を滅した状態）、道諦（悟りにいたる道としての方法）の四つを指します。これらは四法印と並んで釈尊の根本的な教えになります。四つ目の道諦のためには八正道（後述）の実践が重要になってくるのです。

また、仏教徒は三宝（仏、法、僧）への帰依が求められます。

八正道・五戒についても押さえる

四法印や四諦という釈尊が説いた真実に対していかに実践すべきかという行動項目で重要なのが、八正道と五戒です。

八正道は、悟りにいたるために実践すべき正見、正思惟、正語、正業、正命、正精進、正念、正定です。初期の経典に書かれており、上座部仏教、大乗仏教の共通の実践項目。

また、五戒は「殺すな」「盗むな」「不道徳な性行為をするな」「嘘をつくな」「酒を飲むな」です。出家するとさらに五つが加わり十戒となります。

「酒を飲むな」は多くの日本人には厳しい戒律ですが、僧侶のなかには、酒を般若湯と言って飲んでいる人もいます。高野山の宿坊でもお酒は頼めば出てきますから、日本では「酒を飲むな」の戒律はあまり守られてはいません。しかし、世界の敬虔な仏教徒や出家した人のなかには酒を飲まない人も大勢います。

ちなみに酒に対して一番肯定的なのはキリスト教でしょう。最期の審判にちなんで現在でも聖餐式ではワインが用いられることがよくあります。ワインはイエスの血と捉えられています。

仏教は世界のどこで信じられているのか？

仏陀の教えは死後も弟子たちが受け継ぎ、やがて交易や布教活動を通してアジアに広まっていきます。仏陀の教えそのものである初期仏教により近いのが、スリランカ、タイ、ラオス、カンボジア、ミャンマーに広がった「上座部仏教」。

中国、韓国、ベトナム、日本に広がったのが「大乗仏教」。この二つは独自の発達をとげて今にいたります。

発祥の地インドがすっぽりと抜け落ちているところが、他の宗教に比べてユニークですが、**「ヒンドゥー教と仏教は兄弟宗教」とみなすインド人にとっては、インドを中心にアジ**

ア全域にヒンドゥー教が広がっている、となるでしょう。

ちなみに現在、インドではわずかながらですが仏教徒が増えてきています。本当にわずかで人口の一％ほどですが、一三億人の一％ですので数としては大きいと言えるでしょう。

理由は、ヒンドゥー教の一番下のカーストの人が改宗するためです。インド人で「私は仏教徒です」という人は、最近改宗した可能性が高いと思っていいでしょう。仏教はヒンドゥー教と近いと考えているので、イスラム教よりは改宗しやすいのです。

Hinduism & Buddhism 07

上座部仏教と大乗仏教の違いとは？

上座部仏教と大乗仏教の分岐点

釈尊の没後一〇〇年ほど経つと教理や戒律の解釈によって、様々な分派が生まれました。これを部派仏教と呼び、大きく上座部と大衆部に分かれました。

出家至上主義である部派仏教に対して、在家を含む民衆の救済を目的とした新しい仏教の流れが紀元前一世紀頃に生まれた大乗仏教です。なお、かつての定説であった「部派仏教の大衆部が大乗仏教になった」との説は、現在では否定されています。

上座部仏教と大乗仏教の大きな違いの一つは、死生観です。

初期仏教の仏陀は「悟った人」ですが、「仏（ほとけ）＝神」ではありません。スッタニパータにはもともとインドで信仰の対象になっていた神々が出てくるものの、それは一神教のように絶対的な存在ではなかったのです。

また、釈尊自身が解脱して仏陀になり、釈迦如来として信仰と崇拝の対象となりました。釈尊という人間が仏というういわば神の領域に行ってしまったのですから、ここは一神教と多神教の大きな違いです。

釈尊の弟子たちも、彼の死後に信者となった人々も、修行の末に解脱することはできますが、仏陀ではなく「阿羅漢《あらかん》」という仏陀よりワンランク下の聖人になります。一般の信者が死後に目指すのも阿羅漢です。

上座部仏教はこの考え方をそのまま引き継いでおり、修行者は悟りを開いた解脱後に阿羅漢となります。阿羅漢は最終形であり、修行者が目指すのはむしろ「悟りを開くこと」そのもののようです。

一方、大乗仏教は、釈迦如来の他にもたくさんの如来や菩薩が信仰と崇拝の対象となっています。宗派によっては、出家していない一般庶民であっても、念仏を唱えたり、座禅を組んだりすれば、悟りを開くことができます。

信仰の対象は、悟りを開いた人全般。一般庶民が仏様になれる上に、釈迦如来の他にも菩薩や如来などがたくさんいます。宗派によってもまた異なりますが、「たくさんの仏様が信仰対象」という考え方です。

つけ加えておくと、「誰でも仏様になれる」とはいえ、生きている間の行いが悪いと解脱することができず、何度も生まれ変わります。

何度か生まれ変わりながら善行を重ねれば解脱し、もう生まれ変わることはなくなります。

中国と朝鮮半島の仏教の歴史と現在

大乗仏教国として重要な中国と朝鮮半島の仏教の歴史と現在の状況についても押さえておきましょう。

中国に仏教が伝来・浸透し始めたのは、一世紀の後漢の頃といわれます。当時の中国は、紀元前五世紀頃の諸子百家時代を経て、すでに儒教や道教など多くの思想がありました。

アジアの他の国々と違って、**中国では、すでに強固な自国の文化や思想があるなかに仏教**

が入ってきたことにまずは注目する必要があるでしょう。すなわち、仏教がそれだけ中国化する可能性があったのです。また、他のこれまでの思想があるために仏教が本来の教え通り根づかない可能性があったということです。

よく「儒教は宗教なのか」という質問を受けます。これは宗教の定義にもよるのですが、人智を超越した存在や死後の世界について論じることを宗教の定義とするのであれば、儒教は宗教ではないことになります。

中国に伝来した仏教は、二世紀には、後漢の桓帝が初の仏教徒の皇帝になるなど徐々に力を持つようになりました。

三世紀から五世紀の西晋から東晋の時代には、中国とインドの間で僧が行き来して、相互の交流を通じて、仏教が発展していきました。この時代に、インドのグプタ朝で仏教を学んだ東晋の僧が法顕です。彼の『仏国記』によって、大乗仏教はまず中国で広がり、やがて東アジアにも広がる契機となりました。その後、南北朝時代にも仏教は大いに栄えました。

七世紀からの隋・唐の時代には、仏教は皇帝の保護により隆盛が続きました。玄奘や義浄という僧がインドに赴き、仏教思想を伝え、さらに、禅宗、浄土教、密教などが宗派として整備されました。日本からは、遣隋使、遣唐使として多くの僧が中国で仏教を学び、そのなかには、天台宗を開いた最澄や、真言宗を開いた空海がいます。

北宋の時代は、山水画や花鳥画など美術が発展した中国芸術の興隆期。仏教もこの時期に再び勢いを取り戻し、特に禅宗は大いに発展しました。この頃の北宋で禅宗を学んだのが曹洞宗を開いた道元です。

モンゴルの支配を経て、明・清の時代には、白蓮教などが反体制運動の拠点と位置づけられ、仏教は次第に力を失います。共産党政権成立後は、キリスト教、イスラム教、道教とともに仏教は共産党に許可されています。

中国人の知人は、「中国での仏教は自己の利益を追求するあまり、人々の尊敬を集めていない」と言います。

先にお話しした通り、中国ではキリスト教やイスラム教への政府の弾圧が強まっており、中国における信教の自由については引き続きフォローすることが必要でしょう。

朝鮮半島に仏教が伝播したのは四世紀（高句麗、百済のみ。新羅は遅く六世紀）といわれます。中国と同じく国家が保護して、仏教は国家のために存在するようになります。一〇世紀からの高麗では仏教文化が栄え、多くの仏像がつくられました。

しかし、一四世紀末に誕生した李氏朝鮮（李氏朝鮮というのは日本的な言い方で朝鮮半島では朝鮮王朝と言います）では儒教が国教になり、仏教は弾圧されました。寺院も仏像も多くが廃棄されました。

また、日本の植民地支配を経て、韓国が独立を果たすとキリスト教が広がり、現在にいたります。

中国人でも韓国人でも、訪日すると「日本はお寺が多いな」という印象を持つようです。確かに、日本では、明治維新の廃仏毀釈など仏教が弾圧された時期もありましたが、六世紀の伝来後、長期的に弾圧されたことはありません。街のいたるところに寺院があり、東アジアでは一番仏教のお寺が街になじんでいるということは間違いなさそうです。

仏像とはもともと骨だった！

初期仏教にもともと仏像というものは存在していませんでした。釈尊が亡くなった後、その遺骨は神聖化されて各国の取り合い状態になり、世界の多くの寺に分け与えられました。日本にも遺骨が収められたといわれるお寺があり、代表的なものは名古屋にある日泰寺です。

一世紀頃は、その釈尊（仏陀）の骨、つまり「仏舎利」を、「ストゥーパ」という仏塔に収めて祀っていました。ストゥーパは卒塔婆《そとうば》となって日本に伝わり、今でもお墓に立てられています。

しかし、人間だった釈尊の骨は、いかに細かく砕いても分けるには限界があります。やがて仏像がつくられるようになり、崇拝の対象となっていきました。

仏像がつくられるようになった背景には、一世紀から五世紀頃に、クシャーナ朝のもとでギリシャ、シリア、ペルシャ、インドなどの文化が融合したガンダーラ美術が起こった点も挙げられます。

Hindouism & Buddhism 08

現代の上座部仏教はどのようなものか？

上座部仏教を「小乗仏教」と言ってはいけない

あくまで出家し、教団の戒律を守りながら修行に励む上座部仏教は、南アジアから東南アジアに広がっていきました。今で言うスリランカ、タイ、ラオス、カンボジア、ミャンマーといった地域です。スリランカへの伝播は早く紀元前三世紀とされます。東南アジアでは、ビルマ（現ミャンマー）が一一世紀。スリランカから東南アジアへの伝来にはとても時間がかかりました。

日本人は自分たちが大乗仏教であるためか、上座部仏教のことを「小乗仏教」と呼ぶことがあります。

「出家した個人の悟りを目指す小乗仏教」

「みんなで救済されることを目指す大乗仏教」

小乗とは、立場の違いを大乗の側から批判的に表現した言葉です。NHKが使っているくらい一般的な言葉で間違いではありませんが、ビジネスパーソンは使わないほうがいいです。漢字のわかる上座部仏教徒にとってはすごく嫌な気がするはずです。

タイ人は、カウンセリングの代わりに出家する？

今でも、上座部仏教の国では、「男性の仏教徒なら、一度は出家をしたほうがいい」と考えるのが基本です。一生出家生活を送る人もいますが、多くの人は期間を決めて行います。

タイでは、企業としては繁忙期に出家されると困るので、出家をしない女性を雇うという企業（外資系など）もあると聞きます。

本書の執筆を始めた頃のタイで、サッカーチームのコーチと少年たちが、雨季で水量が増した洞窟に数日間、閉じ込められるという事件がありました。報道によると、救出された後、少年たちはコーチと一緒に数週間、出家したそうです。

出家したことには様々な宗教的要因があると考えますが、レスキュー隊に死亡者が出るなど、無事に助かったとはいえ、少年たちの心には傷が残ったことも理由の一つでしょう。

西欧的には精神科医の診断のもと、臨床心理士のカウンセリングが行われるのだと思いますが、**上座部仏教の国では、一時的にでも出家してお釈迦様と向き合うことが、カウンセリングに匹敵する心のケアになっているのです。**

社会生活と精神生活両面に、仏教が深くかかわっている。これが現代の上座部仏教と言っていいでしょう。

Column

様々な仏像

初期仏教から変化した大乗仏教での信仰対象は様々な仏像です。

代表的なのが、如来、菩薩、明王、天の四つ。それぞれポイントを押さえておきましょう。

如来とは「悟った人」

大乗仏教には信仰対象としてたくさんの如来がいるのですが、「如来＝悟った人」です。

釈尊は「釈迦如来」ですし、その他に「薬師如来」「阿弥陀如来」などいろいろあります。「お釈迦様＝釈迦如来」以外は、実在した歴史上の人物というわけではありません。

主な如来を紹介します。

釈迦如来　仏教を開創した釈尊を敬うための如来。上座部仏教の寺院では釈尊のみを敬うことが多い。

薬師如来　衆生《しゅじょう》の病苦を救うとさ

れる如来。左手に薬壺《やっこ》を持っていることが特徴。

阿弥陀如来　浄土宗、浄土真宗において敬われることが多い如来（もちろん他の宗派でも敬われる）。

大日如来　真言密教の教主であり、密教の本尊。

菩薩とは「救済者」

悟った人は涅槃にいたるわけですが、菩薩は悟った後もこの世に残っている行者です。理由は、この世のいろいろな人を仏の道へと導き、救済するため。弥勒菩薩、普賢菩薩、文殊菩薩など、あなたも聞いたことがあるでしょう。お地蔵様も地蔵菩薩で、田んぼのあぜ道にぽつんといたりするのは、庶民を救うためというわけです。

非常に穏やかな顔をしているのも菩薩の特徴で、それは救済者であるがゆえです。そのため、「菩薩様って女性でしょうか？」という質問を受けることもありますが、基本的に性別を超越した存在。これは如来も同じです。

もっとも観音菩薩は中国で女性の慈悲を体現する存在と捉えられていたためそれが日本にも伝わり、今は「観音様のような女性」と、女性的に捉えられることがあります。有名な菩薩を挙げておきましょう。

弥勒菩薩　釈尊の次に悟りを開くと

された菩薩。五六億七〇〇〇万年後にこの世に降り立ち多くの人々を救済するとされる。

普賢菩薩 慈悲と理知で人々を救うとされる。女性の成仏を説く法華経に登場するので女性からの支持も多い。

文殊菩薩 知恵を司る菩薩。「三人寄れば文殊の知恵」の文殊はこの文殊菩薩のこと。

地蔵菩薩 弥勒菩薩が現れるまで衆生救済にあたる菩薩。関西では「地蔵盆」が行われ、子どもの守り神としても知られる。

ヒンドゥー教の神につながる天

天とつくものは、インドの古代神話やヒンドゥー教の神が仏教に取り入れられたものです。

先にもお話しした通りですが、東京・柴又にある帝釈天は、ヒンドゥー教のインドラが仏教に転じて帝釈天となったものです。

梵天はブラフマー、毘沙門天はヴァイシュラバナというヒンドゥー教の神が転じたものです。

これらの事実からも、ヒンドゥー教と仏教が親戚関係にあるということがわかります。

また、日本人になじみの深い七福神の

うちの三人はヒンドゥー教由来で、それは大黒天、毘沙門天、弁財天の三人の神様になります。

世の人々に対して「正しい生活を送りなさい」と注意を促しているのが明王です。表情は険しく、ちょっと威嚇しているようにも見えます。

代表的なのは、不動明王や大元帥明王などです。

仏教は東洋美術の源

東洋美術は、仏教の影響が前面に出ています。釈尊が亡くなり、涅槃に入る様子を描いた涅槃図がたくさん残されています。

また、仏画といわれる釈尊の一生を描いた絵画や彫刻もあります。

上座部仏教では、釈尊そのものをモチーフにしたものが多くあり、大乗仏教においては、如来や菩薩も多く描かれています。

Hinduism & Buddhism 09

仏教をネタに「教養ある雑談力」を身につける

「空」の概念はビジネスエリートの思考訓練の素材

初期仏教で釈尊が説いた「諸法無我」と一緒に話される概念が、大乗仏教でいう「空《くう》」です。

自分というのは確かに存在しているように感じられますが、なぜ存在しているかを証明しようとすると難しい。たとえば、今、あなたが東京駅のホームに立っているとして、それは間違いなく事実だとします。しかし、その事実は「東京駅のホームがある」という事実に支えられており、「東京駅のホームがある」という事実は日本があり、地球があるという事実に支えられており、地球があるという事実は宇宙があるという事実に支えられています。ずっとたどっていくと、何かに支えられなければ、事実というものは存在しない。では、すべてを支える事実とは何かと言えば、わからないのです。

そうであれば、実は何もないのと同じではないか……？　ややレトリック的ですがこれが「空」の考え方です。

空の概念は深遠で簡単に理解できるものではありません。**しかし、「目の前にあるものを疑う」「本当は何もないのではないかという前提で考える」という点では、空はビジネスエリートにとっても必要な思考訓練のように思います。**

量子力学と「空」の関係

上座部仏教の人は「大乗仏教は空を強調しすぎる」と考えるようですが、最近では「空は量子力学にも関係している」などといわれることすらあります。

ビジネスパーソンの知的雑談のネタとして恰好の材料ですが、量子力学はとても難しい話なのも事実。ここでは、ごく一般的なさわりの部分を紹介しておきましょう。

ご存知の方も多いと思いますが、量子とは物質をつくっている一番小さな単位です。「分子＞原子＞原子核」とどんどん小さくなっていき、さらに電子、陽子、中性子、クォークなどもありますが、分子や原子よりも小さいものを全部まとめて「量子」と呼んでいます。物質ではありませんが、光のもとの光子も量子です。

物質の世界には「物質」と「状態」があります。たとえば、水は水という物質ですが、立ち上る湯気という状態にも変化する。物質の世界では、水が湯気に、海が波になるといった具合に、どういう物質がどういう状態に変化するかははっきりしています。

ところが量子の世界になると、話はがらりと変わります。そこでは電子も陽子も常に高速で動いていて、常に「状態」です。物質の世界では、一〇〇〇年そこにある岩は「岩という不動の物質」です。しかしこの岩を量子の世界で見ると、陽子や電子が動いているただの「状態」であり、「物質」としての岩は存在していません。常に動き、変化しているのですから。しかもその動きにはまったく規則性がないので、捉えようがありません。こうした絶えず変化する動きや状態を解明しようというのが量子力学です。

大乗仏教の「空」とは、すべてを支える絶対的事実はない。つまり、真実は存在しないことを意味しています。

量子力学では、「物質の世界で確かに見える岩も量子の世界では存在せず、ただ量子が不規則に動いている状態にすぎない」と考えます。**突き詰めると、実態として存在する「もの」は何もないという点において空と量子力学は共通しているといえるのではないでしょうか。**

専門家の間ではこのような安易な関連づけに対して厳しい見方があることは承知していますが、宗教と物理学という異なるアプローチで目に見えない世界を解き明かそうとした時、共通点があるというのは実に興味深いことだと私は感じます。

大乗仏教の深遠な思想が、実は最先端の科学を見通していたものだとすれば仏教と科学とは本当はもっと近い関係なのかもしれません。

縁起こそ、国際社会を生きるルール？

「縁起」も重要な仏教の考えで、原因があるから結果があるという因果律を表しています。

窓ガラスが割れたのは石を投げたからで、石を投げたのはいたずらをした子で、いたずらをした子が存在するのは親がいるからで……と、いろんなものが関係しあって存在しており、原因があるから結果があるという考え方です。

これはいたずらという悪い行いですが、一般的な行為も同じように解釈できます。たとえば、あなたは毎朝、必ずコーヒーを飲んでいるとします。コーヒーはあなたがコーヒー豆の栽培からかかわって一人でつくり出したものではなく、中南米の生産者から豆がきて、焙煎する人がいて……と、必ずいろいろな人のつながりでできているのです。

これは「おかげさま」というちょっといい話にもなります。逆にコーヒーがとても安く買えたのは、新興国の子どもがつらい児童労働をしているためだったという可能性もあります。つまり、すべてはつながっているという考え方が「縁起」なのです。

さらに言えば、コーヒー豆の栽培者がいても大地と太陽や雨がなければ、コーヒーの樹を植え、育てることはできません。こうした「世界は一つにつながっている」という仏教的な概念は、格差の是正はもちろんのこと、グローバル化と資源の枯渇や環境問題の懸念から、国際社会で大切になってくる一方です。

国連で全加盟国が賛同して設定された二〇三〇年までの目標であるＳＤＧｓ（Sustainable Development Goals：持続可能な開発目標）の一つの重要な考え方は、すべてが世界とつながっているのだから、その起点となりうる自分が正しいことをしようというものです。

ＣＳＲ（企業の社会的責任）がグローバルスタンダードとなった今日、世界の企業はもちろん日本においても経団連や多くの企業がＳＤＧｓについての認識を深め、事業戦略を立てています。こうした意識がないと、世界の投資家や消費者の支持は得られない、そんな時代になっています。

ＳＤＧｓはまさしく大乗仏教の「空」や「縁起」と親和性がある考え方です。

禅と瞑想

禅や瞑想についてひと通り答えられるようにしておくことは、世界で通用する「教養ある雑談力」をつけるコツです。

禅はもともとインドで生まれ中国で発展した修行方法で、仏教の悟りにいたるために坐禅を組みます。ヨーガとも関係が深いといわれています。

禅とマインドフルネス・瞑想は、「心を整え集中させる」という点では共通していますが、目的が違います。マインドフルネス・瞑想は宗教色がなく、心を整えて今の自分に全神経を集中させれば、目的は一応達成です。一方、仏教の修行である禅は、その後さらに自らの心のなかにある仏性に目覚め、悟りを開くことが目的となっています。

日本では、栄西および道元が北宋時代の中国から禅を本格的に日本に持ち込み、それぞれ臨済宗、曹洞宗を開きました。他の宗派でも禅は実施されます。

経営者や政治家で禅をしている人はたくさんいます。**日本では稲盛和夫氏、世界ではア**

ップルを創業したスティーブ・ジョブズも禅を重視していました。ジョブズは、曹洞宗の日本人僧侶に禅を学びました。ジョブズは、禅で徹底的に自分を見つめ、自分の精神の奥底から湧き出たアイディアで新製品をつくったといわれます。

仏教がリードする二一世紀のシンプルライフ

「諸行無常」「諸法無我」でわかる通り、仏教ではすべてに執着しないように教えていました。たとえば、目の前に一〇〇万円あったとしても、それは幻と同じです。なぜなら、明日にはないかもしれないし、火をつけたら燃えて灰になってしまう。一〇〇年後には、確実になくなります。

また、関係性のなかで生きている私たちにとって、その一〇〇万円は自分でつくり出したものではありません。紙に印刷した人の存在があり、お金の価値を共通のものとして理解する人々がいてこそのお金です。

その理解するという関係がなければ、お金はただの紙なのですから、究極的には何もないのと同じです。

すべては変わっていくし、すべては絶対ではないし、すべては関係性のバランスのなかで

一瞬存在している幻のようなもの。「だからすべてに執着してはいけませんよ」というのが、仏教の教えです。悟りとは、現実生活にある欲望を捨てていくことでもあります。

仏教は、お金儲けについて禁じてはいませんが、「執着しない」という教えからすると、積極的にお金儲けを推奨しているわけではありません。その意味で、仏教はビジネスパーソンには縁遠そうに思えます。

しかし、「もっとたくさんほしい」という理屈で生まれた資本主義の社会が成功した結果、飽和状態になって「何もいらない、何も持たない」というシンプルな生き方への関心が高まりました。

シンプルを追求した無印良品が世界的なブランドとして成功したり、茶道という文化があったり、日本は世界において「ミニマリズムの最先端の国」というイメージを持たれています。釈尊の教えからシンプルライフについて語るというのも、ビジネスパーソンにとっての「教養ある雑談のネタ」になると言えるでしょう。

第6章

日本の宗教

「自国の宗教観」を語れてこそ、一流のビジネスパーソン

Japanese Religion

Japanese Religion 01

宗教についての「偏見」をリセットする

宗教について教えない日本の学校

私がある自治体から「生涯学習の講座で、イスラム教について話してください」という依頼を受けた時のこと。受講者は若い人、主婦、高齢者と様々で幸い講義内容も好評だったのですが、後で担当者から意外な話を聞きました。役所内でその講演の企画を通すのが、難しかったというのです。

「役所という公の機関の催しで、宗教の話を取り上げるのはちょっとまずいのでは」

そんな声が上がったと聞いて、日本人の宗教嫌いは根深いと改めて感じました。

第1章で、日本人は宗教偏差値が非常に低いと述べました。その理由として、宗教発祥の地から離れているなどの地理的条件、もともと神道があったこと、江戸時代の檀家制度の三点を挙げました。

日本人が「宗教は関係ない」と思うようになった理由は、学校で教育されないからでしょう。世界史の一部分として出てくる程度で、宗教について教育の場で取り上げられることがほとんどありません。

「世界史は得意でした」という人でも、イエスやムハンマド、ルターの宗教改革など歴史的トピックスのみを知っているだけ。それぞれの宗教の背景や、「神をどう捉えるのか」などの宗教観の相違を理解していないので、深い会話をするのは難しくなります。

また、宗教が関係する機会としては、結婚式、お宮参り、七五三、お正月、お盆といったものがありますが、これらは完全にイベント化しています。

一般的な日本人がこの認識であれば、改めて宗教を考えなくても不思議はありません。

世界に「新興宗教」は存在しない

宗教に関心がないどころか、「いかがわしいもの」とみなしている日本人もたくさんいます。たとえばちょっと怪しい団体があると、「何だか宗教みたいじゃない？」と発言する人がいますが、世界ではとんでもない暴言になるケースもあるので要注意。**「宗教＝ネガティブ」は日本だけの偏見のようなものです。**

このような世界標準からかけ離れた考え方をリセットしないと、日本人の宗教偏差値は上がらないでしょう。

「キリスト教や仏教ならいいけれど、新興宗教は怪しい」

これも日本人によく見られる宗教観ですが、ここまで見てきた通り、ユダヤ教から分かれた時のキリスト教や、ヒンドゥー教から分かれた時の仏教は当時の新興宗教でしたし、ムハンマドが啓示を受けて始まったイスラム教も、最初は新興宗教でしたが現在は違います。

基本的にユダヤ教徒は一生ユダヤ教徒であり、これはキリスト教徒でもイスラム教徒でもヒンドゥー教徒でも同じです。上座部仏教の信者も、滅多なことでは改宗しません。

すなわち世界の多くの国では、既存の宗教が「その国の土台」という揺るぎない形で存在している。結婚などの理由による他の既存の宗教への改宗がわずかにある程度です。

それゆえに世界では、数多くの信者を有する新興宗教が近代以降は生まれにくくなっています。

アメリカのサイエントロジーなどの新興宗教は、ごく一部の例外的なものと言えるでしょう。

Japanese Religion 02

日本の仏教はどのように広がったのか?

日本の仏教のおおもとは中華味の大乗仏教

宗教偏差値が低い現代の日本人が実際にどのように宗教とかかわっているか、ポイントを押さえておきましょう。まずは、仏教について。「自分は仏教徒である」と感じているかどうかは別として、多くの日本人がかかわっているのは仏教です。

その成立を見ればすでに書いた通り、釈尊が入滅してから誰がまとめたか不詳の様々な経典が大量に生まれています。「これは怪しい」「こっちが正当だ」と決めつけるのは早計で、釈尊は「スッタニパータ」で誰が正しく誰が間違っているなどと決めつけてはいけないと述べています。「自分の奉じているもののうちで優れたものを見て、それだけに執着し、それ以外のものはつまらないものであるとみなす。それはこだわりである」と。

つまり、「自分は正しい！　間違っているのは相手のほうだ」と思ったとしても、相手の立場になったら「正解」は異なる……なにやら現代の「ダイバーシティの尊重」にも通じる考え方です。よってすべての経典は、仏教の経典とみなしうると考えられます。

今日の日本の仏教のルーツは、大乗仏教の経典です。**大乗仏教の経典とは、もともとサンスクリット語であった経典が中国で漢文化され、さらに儒教などの影響を受けた〝中華味〟の経典といっていいでしょう。**

日本に仏教が伝来したのは六世紀。伝えられているところによれば、当時、国の中枢では仏教推進派の蘇我氏とアンチ仏教の物部氏が対立していましたが、蘇我氏が勝利して仏教の受容が決まりました。

当時の日本周辺の国際情勢は、緊張をはらんだものでした。「国内で争っている場合ではない。隋や新羅など台頭してきた周辺国と伍していくためには、力強い国家体制を整え、国民の心を一つにしなければ……」そう考えて、仏教を中央集権のツールとしたのが聖徳太子です。優れた政治家である彼は、日本仏教の祖としても大きな功績を残しました。

その後、ヤマト王権は国家として仏教を積極的に取り入れ、国家を守るために仏教を用いる「鎮護国家」の考えが強まりました。このような国家ありきの考えはインドでは希薄であり、中国の影響を受けたものと考えられます。

奈良時代には、南都六宗（三論宗、成実宗、法相宗、倶舎宗、華厳宗、律宗）という学問のグループとも言える宗派が発展しました。当時は宗教というよりも学問といった捉え方が強くありました。

最澄と空海という二大キーパーソンの登場

学問的な奈良仏教に代わり、実践的な仏教が生まれたのは平安時代。日本の仏教の二大キーパーソン、最澄と空海が登場するのは九世紀です。

奈良時代の終わりから平安時代にかけて生きたこの二人は、歴史の授業で出てきた通り「遣唐使」として中国に派遣されます。

当時の中国で最先端だったのは密教。密教とは、文字によらない教えであり、文字による顕教と対比されます。七世紀頃にインドで生まれチベット、中国に入りました。最澄と空海も当然のごとく、密教を学んで国に持ち帰ります。

最澄が開いた天台宗は比叡山延暦寺が総本山で、「法華経」を主要な経典とし、天台密教とも言われます。空海が開いた真言宗は高野山金剛峯寺が総本山。「大日経」「金剛頂経」を主要な経典とし、真言密教とも呼ばれています。

平安時代の貴族には、密教の祈禱をありがたく感じる人も多く、天台宗と真言宗は次第に日本に広まっていきました。

天台宗と真言宗を比較した場合、密教の影響がより強いのは真言宗だと言われています。真言宗では、口に真言を唱え、身に印契を結び、心を三昧（精神集中の状態）にすることを通じて、即身成仏を目指します。この即身成仏というのは難しい概念ですが、一言で言うと自らが生きたままで仏になることです。真言宗ではまた、ヒンドゥー教の神様も導入され、「天」などの形で信仰の対象となりました。

私は高野山大学で修士号を取得しています。「『空海は、国籍や民族、宗教を問わず一体であることを示していた』というテーマで論文を書きたい」と相談した際、先生に「そんな当然のことは、論文として証明するまでもありません。動植物やモノまで包摂して一体であるというのが真言密教の真髄です」と言われたことは、今も忘れられません。

真言密教では、モノまで含めて一体であると考えるのです。やはり人間と動植物、自然を分ける一神教とはずいぶんと違うということでしょう。

空海は書の達人であることから「弘法大師」とも呼ばれます。実践的な修行のみならず、学校をつくったり土木工事をしたり、「現実生活を良くすること」も重視したために人気を博しました。空海は、強烈なカリスマタイプと言っていいでしょう。

一方の最澄は、自らの功績もさることながら、多くの弟子を育成した名リーダータイプ。天台宗・比叡山という日本の仏教の母校のようなものをつくり、その後の発展に大きな貢献をしたと言えます。

釈尊の時代からはるかに時を経ると、仏教の教えは失われ、世が乱れる――これを「末法」と言います。一〇世紀には平将門や藤原純友の乱が起き、まさに「世は末法である」と、人々は不安に駆られました。

この状況で生まれてきたのが、「念仏を唱えれば浄土に成仏できる」と説いた浄土教の教えです。市聖と言われた空也は京都で念仏をすすめ、庶民の間で大ブームとなります。

空也の影響を受けたといわれる源信は、『往生要集』を著し、こちらは貴族に大きな影響を与えました。貴族たちはまた、浄土教の教えをより具体化することを目指しました。藤原頼通が建造した宇治平等院は、この時代の浄土教美術の代表例です。

最澄チルドレンがつくった宗派とは？

伝来直後の日本の仏教は、前述した通り中央集権のツールの一つであり、国の中枢にいる朝廷や貴族など権力者のためのものでした。その後、最澄と空海の登場によって祈禱など実践的なものになり、末法思想によって、貴族階級のみならず庶民にも広がりました。

さらに鎌倉時代になると、新しく台頭した武士階級のために鎌倉新仏教が誕生。開祖の多くは、比叡山延暦寺をはじめとする天台宗で修行した〝最澄チルドレン〟でした。

短期間で遣唐使を切り上げた最澄は、密教の理解・解釈については、空海に後れを取ったと言われています。しかし、ある意味で発展途上であったゆえに、弟子に頑張る余地があったとも言えそうです。「良きリーダーは任せる能力が高い」といったところでしょうか。

最澄の弟子の一人である栄西は延暦寺で修行していましたが、延暦寺での修行のみでは満足できずに中国に留学。禅宗を学び、帰国後、臨済宗を開きます。その栄西の弟子筋にあたり、日本の禅宗・曹洞宗の開祖となるのが道元ですが、彼ももとは天台宗。曹洞宗の「庶民でも貴族でも、出家をしてもしなくても、坐禅という修行によって悟りを開ける」という教えは、広く武士たちの支持を集めました。

法然も同じく〝最澄チルドレン〟。彼は「南無阿弥陀仏と唱えれば、誰でも悟りを開き、成仏できる」という専修念仏を説く「浄土宗」の開祖です。その弟子である親鸞は、みんなで集まってひたすら念仏を唱える念仏道場を開き、「浄土真宗」の開祖となりました。浄土教と浄土宗、浄土真宗は紛らわしいですが、浄土宗と浄土真宗は浄土教の流れを汲みながら、法然や親鸞が新たな宗派を開いたと捉えれば良いでしょう。

浄土真宗は一五世紀の蓮如の時代に大きく発展します。蓮如の思想は、「どんな悪人でも信心があれば極楽浄土に行ける」というシンプルなもので、その平等主義は多くの民衆の心をつかみました。

蓮如の信仰重視や平等主義は、どこかプロテスタントに似ているように感じます。蓮如が隠居していた石山本願寺（現在の大阪）は、織田信長の時代になると一向一揆の拠点となり、信長に対抗します。全国的に起こった一向一揆とは、近代以前の日本史において「民衆による最大の反権力運動」であったと言えます。

もっとも、仏教が宗教として社会を大きく動かす力を持っていたのはこの頃まで。日本の仏教は、少しずつ現世的なものへと変化していきます。たとえば、「自分の力で修行して解脱するのは無理でも、念仏さえ唱えれば解脱して成仏できる」という教えは、当時の日本の庶民にぴったりでした。なぜなら「坐禅をして悟りを開く」という禅宗の修行は、出家して修行に打ち込む上座部仏教に比べればぐっと難易度は下がるものの、自律して日々修行しなければなりません。これでは、できる人とできない人の差が出てしまいます。

その点、「教えられた念仏をそのまま唱えれば、阿弥陀仏様が助けてくれる」という他力本願であれば誰でもできます。字が読めなかったとしても丸暗記すればＯＫですし、隣近所で誘い合い、道場に集まってみんなで唱えるのですから、脱落もしにくいでしょう。

浄土教の流れをくむ宗派である時宗を開いた一遍は、踊り念仏を唱道。浄土に行くことが確信されると歓喜して、民衆は踊ったのです。これは現在の盆踊りにつながっています。

一三世紀の終わりに始まった日蓮宗の開祖である日蓮は、天台宗と真言宗の両方を学んでいます。法華経を経典とし、「南無妙法蓮華経」と唱えればより良い現世を生きられるという教え。これもまた、解脱や救済より「今」にフォーカスしています。

こうして今も「うちは日蓮宗」「わが家は浄土宗」と私たちが言うような、日本の仏教の主な宗派が誕生したのです。

Japanese Religion 03

日本の仏教はなぜ「現実的」なのか？

悟りを開いて解脱することより ご利益を優先する「神頼み」

昔も今も一般的な日本人は、神様も仏様も同じように信仰の対象としていました。もともと多神教であったゆえで、それぞれの神様の特性が「学問の神様はこの人」「安産の神様はこの人」などと「ご利益」につながっていきます。

江戸時代になる頃には、他力本願や専修念仏が定着していましたから、仏教は「自分の頭で考えること」を伴わなくなります。本来の宗教は「自分とは、神とは、生と死とは何か」という人間の根本的な疑問への答えを求めるもので、抽象的な思考を伴っていました。

しかし、ひたすら念仏を唱えればいいとなると、「考えること」は棚上げとなります。私見ですが、後述する葬式仏教の影響も含め、**江戸時代以降、神とは、人間とは、死とは何かといった思考をあまりしなくなったことが日本人の宗教偏差値を下げただけでなく、哲学的思考が苦手といった現在につながる弱みになっているように思えてなりません。**

こうして日本では、「よくわからない悟りや解脱は横に置いておいて、とりあえずお金がほしい。病気も治してもらいたいし、いい結婚相手にも恵まれて、できれば頭のいい子がほしい」という、目の前の現実的な悩みの解決を宗教に求めるようになっていきました。

檀家制度が「葬式仏教」の始まり

宗教に対して「現実的」なのは寺も同じです。多くの檀家を持ち、たくさんお布施をしてもらえるほどお金が入ります。江戸時代には、すべての人がいずれかの寺に所属する檀家制度が採用されました。仏教寺院もピラミッド型の組織であり、各寺が自分の宗派の総本山にお金を納めることによって、その宗派は確固としたものとなります。

そこで、寺としては檀家に向けて、「法事をしたほうがいい」「定期的にお参りを」「お盆には、ご先祖様の供養をしましょう！」と、様々なイベントを企画してお布施を増やそうとします。寺は葬式と墓を押さえているので、先祖供養をアピールするのは自然な流れだったのでしょう。

最近では欧米でもピアプレッシャー（仲間からの同調圧力）が問題になっていますが、日本人は今も昔も集団の圧力に弱いところがあり、「みんながやっているのだから、うちもやらなければ」という意識も働いたと思います。「自分の内面を見つめる」のではなく、「集団のなかの自分」を確かめながら、恥をかかないようにみんなと足並みをそろえる。そんな人が、江戸時代には今よりももっと多かったのではないでしょうか。

こうして日本の仏教は、儀式中心の葬式仏教となったのです。

「ありがとう」と「いただきます」

「宗教知識がなく、何も考えずに形だけの葬式をしている。日本人は宗教的じゃないんだ」そんな意見の人もいますが、実際のところ、日本人はとても宗教的な民族です。

たとえば、日常的に使う「ありがとう」は仏教用語。「何もいらない。あるがままで、存在自体がありがたい」という仏教の教えからきており、私たちは日常的に使います。ただ「ありがとう＝宗教」という意識を持っている人があまりいないというだけです。

食事についてもしかりです。**たとえば、キリスト教徒には食事の前に十字を切る人がいますが、それは肉も魚も野菜も神がつくった神の恵みだからです。**

「いただきます」は、仏教からきた言葉ですが、仏陀や如来に祈っているのではありません。仏教では「動植物も命あるものであり、命があるという点で人間と同じ」と考えます。その命をいただくと感謝しているのです。「命をいただいて申し訳ございません」というニュアンスすらあると言えるでしょう。

自然や動植物、調理者、生産者への感謝。いろいろな感謝の「いただきます」。ここから、無意識に宗教的だという日本人のあり方が浮かび上がってきます。

自然や動植物、モノへの感謝の念は、掃除をしてきれいに保つという日本人の行動様式にもつながっていると私は考えます。

世界的な大ベストセラーになった近藤麻理恵氏の『人生がときめく片づけの魔法』（河出書房新社）。日本風のモノへの感謝の念やモノに魂があるように擬人化した表現が、欧米人には新鮮であったことが世界的大ヒットの一つの理由であると私は分析しています。

試合後の会場でゴミを拾うサッカーのサポーター、ベンチで食べるひまわりの種のカスを散らかさない大谷翔平選手のように、日本人の清潔志向は折に触れて世界でも高く評価されています。そこでビジネスエリートとしては、「宗教と意識せずに仏教の教えが身についていることが、日本人の清潔志向をつくっている」などと語っても、興味を持ってもらえるのではないでしょうか。

お客様も経営者もトイレも「みんな神様」

日本の仏教は、釈尊を信仰対象とすると同時に如来や菩薩も信仰し、それぞれの宗派の開祖も信仰対象とします。最澄や空海も祀られていますし、親鸞や法然、日蓮も「上人」として信仰の対象です。

さらに武将など、当時の偉い人が亡くなると寺や神社を建立し、その人も神様になりました。たとえば菅原道真は太宰府天満宮の神様ですし、豊臣秀吉は豊國神社。徳川家康は日光東照宮、二宮尊徳は小田原の報徳二宮神社で祀られています。

「すべてのものに神が宿る」という日本古来のアニミズムの影響もあり、日本を旅すれば、あちこちの寺や神社に、人間出身の神様・仏様が数え切れないほどいます。そして日本の仏教には、先祖を大切にするという中国の儒教の影響が大きいために、ご先祖様もまた、祈りの対象です。**私が見たところ、日本人は「神様」という言葉を簡単に使うという点で、世界でも特殊な存在です。**

戦前に「天皇＝現人神」としたのは氷山の一角で、それを国家として徹底的に否定した現在も、「経営の神様」「サッカーの神様」「お客様は神様です」という言葉が日常的に使われています。何年か前に流行った『トイレの神様』という歌を英語で説明しようとしても、おそらくまったく意味が通じないでしょう。理解できるとすれば、その人はヒンドゥー教徒か仏教徒だと感じます。

なぜなら一神教の人にとって、神は人間とは確固とした隔たりがある偉大な存在。一方、日本人にとっての神や仏は、すぐに会いに行ける存在です。その意味で、日本人にとって「神や仏」はとても身近なものなのです。

なぜ日本人はパワースポットが好きなのか

神を身近に感じ、無意識に宗教的な日本人は、パワースポットを好みます。「あの滝がすごい」「あの木は特別だ」というように、自然のなかに神秘的な力を感じるようです。

この感覚は、欧米人にはわかりにくいもの。なぜなら一神教では自然そのものには神秘的なモノを感じないことが一般的だからです。一方で、宗教上の聖地を重視します。

たとえばエルサレムにはユダヤ教、キリスト教、イスラム教の聖地が集まっていますが、それぞれ宗教的な理由があります。ユダヤ教の聖地「嘆きの壁」は神殿の跡地でありアブラハムが神に信仰心を問われた場所。キリスト教の聖地ゴルゴタの丘ではイエスが磔にされ、墓がつくられました。イスラム教の聖地メッカは開祖ムハンマドが生まれた地であり、メディナはヒジュラの後イスラム共同体を初めてつくった場所です。どれも神や預言者にゆかりがあるからこそ、聖地になっています。

日本の山や海に神社があるのは、森羅万象に神を感じるという神道の影響ですが、現代の日本人はそれを宗教的なものだとは意識していません。「私は神道だから伊勢神宮に行く」と考えている人はかなり少ないはずです。

また、仏教でも「すべてに仏性が宿っている」と考えるため、日本人が自然に対してスピリチュアルなものを感じるのは仏教の影響とも言えます。しかし、「仏教徒だからここをパワースポットと感じる」という自覚はありません。

キリスト教徒やイスラム教徒にパワースポットについて質問を受けた際には、日本人の古代以来の自然に神秘的なものを見いだす考え方を説明すれば良いでしょう。もっとも理解してもらうことが難しいことも多いと思います。

Japanese Religion 04

神道の説明は日本のビジネスパーソンのマスト

神道の基本の基本を押さえておく

仏教は世界5大宗教であり日本の主な宗教ですが、ルーツはインドであり、前述した通りインドでは「ヒンドゥー教の一種」と捉える人もいます。その点、神道は日本独自のものので、日本人以外にはあまり知られていません。

私は海外でいろいろなディスカッションや食事をしたりする機会がありますが、議論が日本文化におよんだ場合は、神道のことをよく聞かれます。神道についてきちんとわかっている人は日本人にも少ないので、基本の基本だけでも説明できるようにしておきましょう。

世界の国々と同じく日本にも古来、人智を超えた神秘的なモノに対する信仰がありました。災害が多い一方、周囲を海に囲まれ、山々の緑が豊かなこの国で神秘的なものが自然信仰と結びつくことは必然であったように思います。自然信仰は多くの宗教に見られ、「すべてのものに魂が宿る」というアニミズムとも通じています。

神道は、こうした自然信仰がもとになってできたものと考えられており、開祖による経典や、明確な教義はありません。伊藤聡氏の『神道とは何か　神と仏の日本史』（中央公論新社）によると、現代の日本人は、「神道とは、日本の民族宗教の総称だと理解している」とのことです。

神道の大きな特徴としては、万《よろず》の神を信仰し、どんなものにも神が宿ると考えること。神社にある聖なる石や聖なる木は、信仰の対象とされています。

ちなみに「神道」という言葉が登場するのは、七二〇年に完成した『日本書紀』で、このなかの用明即位前紀に「天皇仏法を信じ、神道を尊ぶ」とあります。しかし、「神道」という言葉は、長い間、使われることはありませんでした。

やがて六世紀に仏教が伝来すると、日本古来の万の神の信仰と重なり、日本人の宗教観、宗教行為が形成されていきます。平安時代になると、「菩薩や仏陀が仮に神の形で現われる」という本地垂迹説《ほんちすいじゃくせつ》という考えが唱えられるようになりました。

中世に起きた神仏習合的な状況が、今日の神道と呼びうる存在をつくり上げたと言っていいでしょう。

鎌倉時代からは神学として教義も整備され、末期には「神道が主であり、仏教がそれに従う」という神道の優位性を主張する考えも出てきます。これを反本地垂迹説といいます。伊勢神道もその一つで、伊勢神宮の外宮の神官であった度会家行《わたらいいえゆき》が体系的にまとめた神道理論。儒教や道教も取り入れたものでした。

室町時代には、吉田兼倶《かねとも》が「神道大意」などの教義書を著しました（吉田神道といわれます）。吉田神道では、これまでのように仏教との関係で神道を捉えるのではなく、神を中心にした神道独自の体系をつくりました。

江戸時代には、前述したように仏教のお寺が幕府や藩の末端行政組織となり、神社はそのお寺の一部のような位置づけになりました。現在でも、仏教のお寺と神社が隣接していることがあるのはその名残です。明治維新の廃仏毀釈で、多くのお寺が破壊されるまではもっと多くの神社とお寺が同じ敷地にあったといわれています。

明治維新以降は、国家神道が唱道され、神道の地位が一気に上がりました。**他の宗教よりも上位の、言わば国教に近いポジショニングです。**ところが第二次世界大戦後に一転して否定され、信教の自由として神道の信仰が認められるという今日の状況に至ります。

海外で神道はあまり知られておらず、「本格的な宗教が生まれる前の伝統的なアニミズム的なもの、遅れたもの」とすら捉えられています。

このような意見に対しては、アイルランド人の父とギリシャ人の母を持つ作家・小泉八雲の考え方が役に立つでしょう。八雲のひ孫で小泉八雲記念館長である小泉凡氏によれば「多くの西洋人が経典と戒律を持たない神道を邪教だとみなすなかで、八雲は、神道は書物のなかでなく日本人の心のなかで、迷信や神話や呪術の根底にある民族の魂のようなものと深く共鳴しながら息づいていると考えた」のです。

祖先崇拝などを含めた日本人の宗教観の軸に神道があるということを、ぜひとも外国人に説明していきたいものです。

Japanese Religion 05

日本における世界5大宗教の分布

「日本人＝仏教と神道」ではない

日本の宗教といえば主に仏教と神道ですが、それだけではありません。第1章で述べた通りそれ以外の信仰を持っている人もいます。少数派にも目を向けるのは、多様性を尊重するグローバルリーダーの常識ではないでしょうか。

たとえば、文化庁の『宗教年鑑』では日本のキリスト教徒はおよそ一九一万人です（二〇一七年版）。

人口当たりで見ると、一位は東京都ですが、二位が長崎県です。長く欧米への窓口であり江戸時代に隠れキリシタンが多かった長崎県は、今もキリスト教徒が多いのです。

日本人がキリスト教徒になるのは、親がキリスト教徒である場合や婚姻によるもの、キリスト教系スクールでの教育、欧米諸国での居住など様々な要因が考えられます。

日本人イスラム教徒の人数は正確にはわかりませんが、海外居住者も含めて数万人から一〇万人程度と推測されます。その多くは婚姻によるものですが、イスラム教の教義に深く共鳴して改宗した人もいます。また、外国人として日本に居住しているイスラム教徒は増加しており、一〇万人とも二〇万人ともいわれます。

また、日本人ユダヤ教徒、ヒンドゥー教徒はおそらく相当少ない割合でしょう。

ちなみに、「およそ〇〇万人と推測され」というような曖昧な説明しかできないのは、日本には、誰がどの宗教を信じているかの正確な統計がないためです。前述した文化庁の『宗教年鑑』は、「神道八千何百万人、仏教八千何百万人」と、合計すれば簡単に日本の人口を超えてしまうという曖昧なデータです。各宗教団体が多めに申告する数字を単純に足した結果です。また、各宗教法人の数字も水増しされていることが多く、信頼できないことが多いのです。外国人居住者についても、たとえばマレーシア人と言ってもマレー系はイスラム教徒が多いですが、中国系は違います。マレーシア人のなかで、何人がイスラム教徒であるかといった数字はわからないのです。

秀吉も家康も「アンチ・キリスト教」だった！

世界5大宗教のうち、仏教以外に日本における歴史を押さえておきたいのはキリスト教です。日本にキリスト教が伝わってきたのは一六世紀です。宗教改革に揺れたカトリック教会が全世界に布教を進めていた時期と重なります。

イエズス会のフランシスコ・ザビエルが布教を始め、その後当時の権力者、織田信長が庇護したというのはご存知の通りです。南蛮貿易ビジネスを拡大し、西洋の武器を獲得するためには、伝道師たちと関係を築くことが大切だという合理的な判断もあったでしょうが、教義を理解して改宗した人もいました。特筆すべきは、豊臣秀吉と徳川家康のキリスト教への対応です。信長亡き後の秀吉と家康が、どのようにキリスト教と対峙したかが、日本史にとても大きな影響を与えたと私は感じています。

もし、秀吉や家康がキリスト教を受け入れ続けたら、日本はキリスト教国になっていた可能性が高く、その結果、ヨーロッパ諸国による植民地化が進んでいたかもしれません。この場合、江戸幕府が二〇〇年以上続いたかは保証できません。また、キリスト教とは相いれない面がある国家神道や天皇制に影響をおよぼしたとしても不思議ではありません。外国文化が入ることで、一国中心的な思考が正されたかもしれません。**いずれにしても、キリスト教を受け入れたか否かは日本史の大きな分岐点と言えるでしょう。**

秀吉が天下を取った頃、日本にはすでにキリスト教に改宗した「キリシタン大名」がたくさんいました。キリスト教が異教徒に厳しいことはすでに述べた通りですから、彼らは神社仏閣を次々と焼き払い、神社や寺が逆襲するなど、深刻な対立構造が生まれていました。キリシタン大名はまた、日本人が奴隷として東南アジアに送られるのを容認しており、秀吉はこれに激怒しました。

こうして一五八七年にバテレン追放令が出され、キリスト教は禁じられるのです。

天下統一後は、甥の秀次一家の殺害など残虐なイメージもある秀吉ですが、日本人の奴隷化に激怒したことについては、近代の人権意識につながる視点とも思われ、私の秀吉についての見方が少し変わりました。

秀吉の後、天下統一を果たした徳川家康は当初はキリシタンと融和路線を取りますが、徐々に厳しくなりキリシタン禁令を発令しました。徳川家光の時には踏み絵を導入。キリストや聖母を刻んだ石板を踏めなければ逮捕し、時には死にいたる拷問も行われました。

イスラム教徒とキリスト教徒との戦争では、お互いに殺し合っているわけですが、日本は戦争をしたわけではありません。統治者によってキリスト教徒が殺され、キリスト教徒をゼロにしようとした――二五〇年もの禁教というのも珍しい例です。良い・悪いは別として、日本のあり方に大きな影響を与えた出来事として、覚えておいたほうがいい史実です。

潜伏キリシタンの揺るがない信仰心

日本におけるキリスト教弾圧の歴史は、キリスト教徒と話題にするにはあまりにデリケートすぎるかもしれません。しかし、物事には様々な面があり、二五〇年もの禁教は、それでも信仰を貫く「潜伏キリシタン」を生み出しました（紛らわしいのですが「隠れキリシタン」とは、明治維新後も独自の様式で信仰を続けるキリスト教徒を指します）。

長崎にある大浦天主堂は、一八六五年にフランス人のカトリック神父によって建設されました。すでに日本は開国し、徳川幕府が力を失っていたために成し得たことです。

トピックスは、大浦天主堂が落成したとき、二五〇年も隠れて信仰を守ってきた日本人キリスト教徒が来訪したこと。これは、当時の世界のキリスト教徒を驚愕させました。キリスト教徒との会話の際、「日本のキリスト教徒は、少数ながら篤い信仰心を持っていた」という話のネタにしてもいいでしょう。

ちなみに、キリスト教徒が洗礼の際につけられる名前は、聖書から取られることが多く、ファーストネームと同義と考えられることもあります。英語で多い James はヤコブ、John はヨハネ、Paul はパウロからきています。日本人キリスト教徒の場合は、姓名の他にマルコ、ジョンなどが追加され、これがクリスチャンネームとされることがあります。

明治維新後は、キリスト教を信仰することが許されたので、キリスト教国が多くの宣教師を送ってきました。同志社大学、関西学院大学、立教大学など多数のキリスト教系の大学も設立されました。しかし、日本人のキリスト教への改宗は進みませんでした。

現在でも人口の約一%に留まっています。この少ないキリスト教徒の割合は、イスラム教が国教や国是の国を除くと、世界で最も少ない部類に入ります。**言い方を変えれば、日本は世界で最もキリスト教が浸透していない国の一つです。**

この点は、欧米や日本のキリスト教徒とも議論になります。私は、森羅万象に神様が宿ると感じる民族である日本人には、すべてが神様の恵みであり思し召しであると考える一神教の考えが理解できないからだと思います。日本人のグローバルリテラシーを高めるためにも自分なりの答えを持っていたほうが良いでしょう。

第7章

科学・政治経済と宗教

AI、生命化学、国際紛争、社会問題を読み解く

Present Day

Present Day 01

二世紀、「神と人との距離」は縮まるのか

宗教と科学が未来のカギを握る

ここまで世界5大宗教のあらましと日本の宗教について、ビジネスパーソンの「教養の土台」いう観点から述べてきました。いってみれば「過去から現在までの世界5大宗教ダイジェスト」であり「世界で活躍するための素養」です。

最終章となる第7章では、「現在、そして未来の宗教」を見ていきましょう。

国際的な場で、現在の世界が抱える問題や未来の課題について論じるとき、外国人や異なる宗教を信じる人とやりとりすることがあります。その際は、宗教の知識を土台に、自分ならではの意見を伝えることが極めて重要です。同時に、相手の立場、歴史観、宗教観に寄り添うことができてこそ、世界における教養人となります。

「現在の問題や未来の課題に、宗教は関係ないのでは？」と思う人もいるかもしれません。確かに進化論や相対性理論が提唱され、二一世紀はゲノム編集や人工知能など、人類はまさに「人智を超えた神の領域」と思われていたところに足を踏み入れつつあります。もはや人間ができないことなど存在せず、宗教は神話の世界に封じ込まれるかのようにさえ思えます。しかし、私の意見は異なります。

確かに宗教は科学など存在しない古代に起こり、中世までは「人智を超えた世界」と「人間がわかっている現実世界」の間に、まだまだ距離がありました。

だからこそ人々は、神を恐れながらも尊重していたのでしょう。落雷とエネルギーの関係もわからず、万有引力の法則もなかったら、その答えを宗教に求めても不思議はありません。また、「自分とは、生と死とは？　災害はなぜ起こるのか？」という人類共通の課題に答えを出すものは宗教しかありませんでした。

当時、必要不可欠だった宗教はそれぞれ系統立てて整理されながら、世界へと広がっていったのです。

近代になると科学が進歩し、様々な解けなかった謎が解けていきます。なぜ嵐が起きるのか、なぜ病にかかるのか、合理的に説明できることが増え、科学によって人類共通の課題への答えが出されることで宗教のニーズが相対的に下がっていきました。

民主主義の広がりによって、政治が宗教の権威を借りないことも多くなり、政教分離の観点から、宗教を用いた政治はむしろ忌避されるようになったのです。

宗教の重要性が薄らぐ流れは、つい最近まで続いていたと思います。

ところが二一世紀になった今、科学があまりに進歩していくなかで、なおざりにされてきた倫理や哲学が改めて問われるようになってきています。

「科学技術で人を誕生させることができるとしても、本当にやっていいことなのか？」

「医学によって命を永らえることと、満たされた死を迎えることは両立するのか？」

まさにこうした問いが突きつけられています。私たちはあたかも万能なもののように科学に魅了されて近代を生きてきました。しかし、科学はかなり進歩したとはいえ、災害や死の謎について完全に解き明かしたわけではないのです。これからは、改めて宗教の役割が見直される時代がくる――私はそのように考えています。

科学ばかりではありません。絶えることのない紛争、拡大し続ける経済格差についても、科学や論理ではなく、宗教が持つ倫理観や道徳が解決のヒントを与えてくれる、そんな気がします。

そこでこの章では、宗教が最新の科学と政治経済・社会問題にどのような影響を与えているかについても述べ、本書の締めくくりとしたいと思います。

ただし、これから述べるのは、今わかっている事実に私の見解をつけ加えているにすぎません。

教養に知識は必要ですが、知識だけではグローバルな教養は身につきません。**大切なのは読者のみなさんが、宗教をはじめとした知識をもとに批評的に事象を考えること。**そして、その思考訓練によって、「独自の見識」を持っていただくことです。

知識に裏打ちされた自分の意見をしっかりと持つことは、ビジネスパーソンとしてのブランディングにもなり、仕事上のリアルな局面でも役立つでしょう。

Present Day 02

AIと「神の領域」の問題

AIは人を超えるのか？

私たちの生活のなかに、すでにAIは溶け込んでいます。たとえば、グーグルアシスタントやアップルのSiri、アマゾンのアレクサは人工知能ですし、テレビや掃除機などの家電にもAIが搭載されています。自動車業界もAIモデルの開発を進めており、自動運転は技術的にすでに可能になっています。

これは世界的な動きですが、そのなかで日本人はやや特殊といわれています。それは、プロローグでも述べましたが、「ヒューマノイド」といわれる人間と同じ姿形をしたＡＩ搭載の人型ロボットを好む点です。

たとえば、大阪大学の石黒浩教授はタレントのマツコデラックスにそっくりな「マツコロイド」や自身に似せたヒューマノイドを製作しています。私も日本科学未来館でヒューマノイドを見て、「限りなく人に近づける」という、そのこだわりように驚嘆しました。

日本人が抵抗なく人間と同じものをつくるのは鉄腕アトムの影響もあるかもしれませんが、仏教・神道の影響が非常に大きいと私は考えています。

ユダヤ・キリスト教の価値観で言うと、人間と機械はまったく違うもの。この世に存在する動植物も人も神のつくったものですが、なかでも人間は特別な存在です。動植物を含めた自然や機械は人間が支配する対象であり、「支配すべき存在を、神がつくりたもうた人間に似せるなんてとんでもない！」となり得るのです。

ゆえにヒューマノイドは、ユダヤ・キリスト教文化から見るといささか気持ちが悪く、抵抗感が強いこともあります。だから創作の世界で人型ロボットをつくるときも、欧米ではサイボーグという金属的な造形のものが比較的多いのでしょう。

そういえばＡＩ機能に特化しているグーグルホームやアレクサは「機械そのもの」とい

う非常にシンプルな形をしています。仮に日本の会社で日本人が開発したら、かわいらしい人間型であったかもしれません。

ＡＩについてはしばしば「神の領域に到達するのか」という議論があります。人間の能力を超え、多くの仕事はＡＩが担うようになると盛んにいわれていますし、優れた頭脳を持つ囲碁や将棋のプロが、ＡＩに敗北した例もあります。

私の個人的な意見を言えば、「ＡＩが神の領域に到達する」というのは、失礼ながら科学信奉者の思い上がりではないでしょうか。

確かに、データ分析やそれにもとづく一定の判断という面では、ＡＩは人間の脳を凌駕するかもしれません。しかし、人間の心や感情まで科学の力でつくり出せるかと言えば、甚だ疑問です。科学の専門家ほど、「科学は神を超える」というのは言いすぎだとわかっているのではないでしょうか。人工知能をつくり出せるだけで「神」としてしまうのは、あまりにも神の力、言葉を変えれば人智を超えた力を矮小化しています。

イスラエルの歴史学者ユヴァル・ノア・ハラリの世界的ベストセラー『ホモ・デウス』（河出書房新社）は、これからの社会はヒトより優れたアルゴリズムによる「データ至上主義」に支配され、それを生み出せるものは「超人＝ホモ・デウス」になると予言しています。ホモ・デウスを神と同一視しないまでも、このようなデータ至上主義の時代には、これまでの人間の存在範囲、能力範囲を超える情報があふれることになり、そこで判断を誤らないようにするのは、容易ではありません。

人間のキャパシティを超えるデータの中で生きていくのであれば、宗教を含めた「人智を超えた存在」への理解が再評価されるべきだと私は考えています。

遺伝子研究で「才能」も買えるようになる？

ＡＩはどれだけ優秀でもあくまで機械であり、前述した通り人間はいまだゼロから生命をつくり出すことはできません。しかし逆に言えば、ゼロは無理でもイチの生命をコピーし、編集するところまで科学技術は進んでいます。その代表と言えるのが遺伝子研究。難病治療などに役立つと考えられており、「人間の遺伝子を自由に編集する」といわれるクリスパー・キャス9という技術を発明した学者はノーベル賞候補だともいわれています。

二〇一八年の終わりには、中国の科学者がゲノム編集によって「エイズウィルスへの抗体を持った双子の赤ちゃんを誕生させた」と発表して世界を揺るがせました。このニュースの真偽はさておき、遺伝子は生命のあり方を決める重要な指令のようなもの。

「遺伝子改変が技術的に可能になったとしても、行っていいのか？」

「生命のあり方という、言わば神の領域に踏み込むことは倫理的に許されるのか？」

世界中の科学者、哲学者、政治家、宗教家が議論を重ねています。

第3章で、**プロテスタントには「神から天職、才能を与えられた」という概念があると述べました。しかし才能が科学でつくれるとしたらどうでしょう？**

「美しくて優秀な人間」「病気にならず、身体能力が高い人間」が遺伝子の改変によって誕生すれば、人は神から与えられるはずの能力を人為的に手にできるようになります。

また、受精卵から人間であると考える宗教観を持つ人々は、人間のゲノム編集に反対する可能性もあります（現時点では私の知る限り宗教界からの強い反対はありませんが）。

人為的とは、言い換えれば「お金の力」。最先端の遺伝子操作が高額なものだとすれば、豊かな人はお金の力で優秀で健康な子どもを生み、その子どもは高い能力を生かして成功し、子孫もますます豊かになるという連鎖が起きます。

病気や怪我をしてもお金持ちであれば、ゲノム編集のような最先端技術で健康を取り戻せるかもしれません。そうなれば、「健康な天才ぞろいの富裕層」と「普通の人と弱い人からなる貧困層」が誕生するでしょう。

かつて、ナチスは「優秀なアーリア人」をつくろうと、非道な人体実験を行いました。これは明らかに犯罪ですが、今後「科学の発展」の名のもとに、似たようなことが世界規模で行われる危険すらあります。これは科学者だけに任せておいて良い問題ではありません。このように遺伝子研究とは、宗教や倫理の問題ばかりか、私たちにとってより身近な社会的格差につながるという問題もはらんでいるのです。

確かに、難病から救われる人が増えるのは素晴らしく、研究が進むこと自体は歓迎されるべきです。しかし、生態系への影響もあるでしょう。生物はお互いつながっているので、人類のあり方、地球のあり方すら変えてしまう可能性に配慮しなければなりません。

これだけ科学が進んでいても、人間はゼロから生命をつくる技術を持っておらず、微生物すらつくり出せていません。いうまでもなく人工知能は生命ではなく、生命を持つクローンにせよ、今ある生命の複製です。iPS細胞は細胞をゼロからつくり出すものではなく、すでにあるものをもとにしています。まだまだ畏敬の念を抱くべき「神の領域」は残っているということでしょう。

「人間とは何か」を真摯に問い、「人智のおよばない領域」に想いを馳せながら、私たち一人一人が科学と向き合っていく。それには、改めて宗教が必要とされるのではないでしょうか。

Present Day 03

宗教は少子高齢化を食い止めるのか？

「ユダヤ教徒、イスラム教徒は子だくさん」は事実なのか？

経済発展をとげたほとんどの国で、社会問題となっているのが少子高齢化。急激に増えた中国の人口でさえ、二〇三〇年代に減少に転じるといわれています。

世界的に見て出生率が高いのは、アフリカの国々です。その背景には、労働力への期待、高い乳幼児死亡率、子どものうち一人が成功すれば家族全体が恩恵を受けられるなど、多くの社会経済的要因があります。

私は、神戸情報大学院大学において、多くのアフリカ人留学生としばしば議論しますが、アフリカでの人口増加問題について、「欧米の視点のみで議論してもらっては困る。アフリカはまだまだ発展途上であり、労働力が必要」といった意見を多く聞きます。

欧米や日本の視点からは、地球全体の食料やエネルギーの限界があるため、アフリカの人口増加を問題視する見方もありますが、それは一面的だということです。

このように出生率が、社会経済の現状や人々の価値観に左右されることは明らかです。ただし、宗教が全く無関係とも言えません。実際、今も昔も結婚して子どもを産むことを大切にしているユダヤ教徒、イスラム教徒の出生率は比較的高く、人口増加につながっています。**また、日本の宗教と言える仏教と神道のいずれも、「子どもを増やせ」という教えがない点も一応押さえておいて良いでしょう。**

「子どもを産む」ということを一神教は非常に強くすすめており、旧約聖書にも「産めよ、増やせよ」といった教えがあります。

アメリカ映画では「カトリック＝子どもが多い」という描写が昔からありますが、現代が舞台の作品でもしかりです。たとえば、カトリックの家庭で育った女子高生が主人公の映画『レディ・バード』で「あの家はカトリックだから子だくさんなんだね」という会話が普通に出てきます。もっとも先進国は少子高齢化傾向があるので、カトリックであるからといって統計的に出生率が高いとは言い切れません。

「結婚して、たくさん子どもをつくって」という伝統を重視するカトリックは、離婚について非常に厳しい宗教です。

フランスで入籍しない事実婚という制度が生まれた背景には、いったん結婚すると離婚が難しいカトリック文化があるという説もあります。同様にアイルランドも、事実婚や未婚での出産が珍しくありません。法の縛りが消えても、カトリック文化に根ざす社会的なルールは、そう簡単には変わらないということでしょう。

イスラム教においては、離婚の手続きがコーランに書かれています。結婚前の契約に離婚の際に支払う額が決められることもあるなど、手続き上は合理的に離婚が認められています。

人工中絶をめぐる法と宗教の対立

カトリックはまた、人工中絶や避妊についても否定的です。「結婚（子づくり）とは、神の創造への協力」と考えているため、子どもを産むことは神への貢献です。

今では多くのカトリック教徒が避妊については合理的な判断をしているようですが、中絶となると話は別です。

キリスト教ではカトリックもプロテスタントも、受精した段階で人間であると考えます。この考えに従えば「人工中絶＝殺人」。よって今でも人工中絶を全面的に禁じている国は六カ国あり、バチカン市国をはじめ、すべてカトリック教徒が多数派の国です。アイルランドも二〇一八年まで全面禁止でしたが、母体が危険にさらされても人工中絶をしなかったために胎児も母親も亡くなるという痛ましい事件をきっかけに、国民投票によって法律が変わりました。

ほとんどの国は条件つきで人工中絶が合法なのですが、「妊婦の生命に危険がある時のみ人工中絶をして良い」という厳しい条件の国も一〇カ国以上あります。これは望まない妊娠、たとえばレイプによって妊娠した少女でさえ、健康であれば出産しなければいけないということです。

「女性の権利を侵している」という非難の声もありますし、経済的理由から違法の中絶手術が水面下で行われ、命を落とすケースも多いようです。体外受精、ドナー卵子、ドナー精子などもキリスト教本来の考えからすると微妙な問題です。

フィリピンも生命の危険がなければ人工中絶は禁止。カトリック教徒なので避妊も良くないと考えるため、貧困層は子だくさんでますます貧困化し、一〇代の妊娠も上昇を続けています。この状況にドゥテルテ大統領が避妊具を無料配布するなど、法と宗教のせめぎ合いが起きています。

イスラム教では、ハディースに「人間は母親の胎内で一二〇日かけて人間になる」とされていることから、それまでは人工中絶が認められます。現在の日本の母体保護法では、妊娠二二週未満であれば中絶を認めていますが、医療が未熟であった一四〇〇年以上前でも母体を守るという観点から適切な期間を提示していたのは、さすが神の啓示を受けたムハンマドの言葉だと思うのは私だけでしょうか。

仏教では殺生を禁じていますが、日本の場合は法律上、このように一定の要件のもとで合法です。

進展が著しい生命科学の分野は、実は宗教問題でもあるのです。

Present Day 04

宗教は多様性を認めるのか？

キリスト教福音派の国・アメリカ

多様性はこれからの社会の大きなテーマです。アメリカはダイバーシティの国であり、民族、宗教、人種に関係なく個人の能力で評価されるべきだという大前提があります。

メディアではっきりと報じられたりアメリカ人が実際に言葉にすることは少ないものの、プロテスタントの国ゆえにカトリックを少し下に見ている人もいます。

イスラム教や仏教はさらにその下。つまり、実は見えないヒエラルキーがあるのです。

ＷＡＳＰ（白人、アングロサクソン、プロテスタント）という言葉は、かつてアメリカのエリートの条件とされていました。今はそうした発言をすると差別になってしまいますが、水面下では残っていると考えたほうが良いでしょう。実際の序列に影響しなくても、ビジネスリーダーなら隠れたヒエラルキーを理解しておくことが大切です。

そんなアメリカのプロテスタントのうち、建国の頃からあるのはイギリス国教会、同じくイギリスからきたメソジスト、ドイツ系のルーテル派（ルターの教え）、カルヴァン派の流れを汲む長老派。ちなみに、トランプ大統領は長老派です。

「君は天国に行けると約束されているから頑張りなさい」という予定説を唱えるカルヴァン派の思想があるから、トランプ大統領はあれだけ強気なのだという説もあります。**アメリカの政治家、経営者の言動を分析するためにも、キリスト教の知識は役に立つのです。**

これらのプロテスタントはまとめて「主流派教会」と呼ばれ、信者は東部や西海岸などに住む都会の人たちに多いとされています。

そして日本のビジネスパーソンが知っておくべきなのは、主流派教会ではなく、アメリカの保守的なキリスト教徒の考え方です。

アメリカの人口の四分の一は、一番保守的な考え方をする福音派（福音派の定義や人口には諸説あります）。アメリカ宗教の最大勢力と言っていいでしょう。中西部と南部に多く、トランプ大統領を生んだ共和党に支持者がたくさんいます。政治家も多数輩出しており、ビジネスの第一線で活躍する人も多くいるので、影響力は非常に大きくなっています。

進化論も人工中絶も否定する人たち

福音派は「エヴァンジェリカル（信仰に目覚めた人）」と呼ばれ、一つの宗派ではありません。バプテスト派など複数の宗派を含み、キリスト教原理主義者も多いのが特徴です。

メガチャーチと呼ばれる福音派の巨大な教会は全米に一六〇〇ほどあり、歌ありバンドの演奏ありのライブのような集会が開かれます。牧師は話の達人で、笑わせたり泣かせたりして大量の信者を獲得します。自分のテレビ番組を持つ、エンタメ型牧師すらいます。

福音派の信者は伝統的価値観を重視し、聖書に書いてあることが一字一句その通りだと信じていることも珍しくありません。したがって進化論は「あり得ない！」

彼らにとって、神がアダムとエヴァをつくった時こそ、人類誕生の瞬間なのですから。学校で進化論を教えないように求めているくらいですから、ゲノム編集などに厳しい意見を持つ人もいることでしょう。

ＡＩ開発では最先端といわれ、私たちがテクノロジー先進国だと信じているアメリカのおよそ四分の一の人が、天地創造を信じ、進化論に反対している可能性がある……。

このアンバランスな状況は、今後の科学技術の発展に関して何らかの形で作用するかもしれません。

福音派の政治家は人工中絶に絶対反対の立場をとっていますし、福音派ではない政治家も福音派の票を得ようと、聖書の教えに反する発言には慎重になっています。

アメリカとビジネスをする場合には、福音派について勉強しておき、うかつにＮＧ発言をしないように注意すべきでしょう。なにせ世界最大の経済大国の最大勢力なのですから。

ＬＧＢＴＱ＋も実は宗教問題だった

二〇一八年、日本の国会議員が「ＬＧＢＴは生産性がない」と雑誌に寄稿したことが大問題となりました。多様性の尊重も国際社会の課題であり、レズビアン、ゲイ、バイセクシャル、トランスジェンダー、クエスチョニング、クイアといった性的マイノリティ（ＬＧＢＴＱ＋）についての議論が高まりました。この問題も、やはり宗教に関係しています。

旧約聖書のレビ記には、同性愛について「厭《いと》うべきこと」とあり、創世記にはソドムという街で起きた同性愛について否定的に書かれています。キリスト教徒、特にカトリックと、プロテスタントでも福音派のような保守的な人たちはＬＧＢＴＱ＋に否定的な考えを持っている場合があります。

同性婚を認めている国の多くはヨーロッパ。オランダ、イギリス、北欧などはプロテスタントの持つ個人主義に現代の人権意識が加わった判断でしょう。スペイン、ポルトガル、フランスなどカトリックの国でも同性婚が認められているのを見ると、**ヨーロッパでは宗教よりも人権的判断を優先する傾向があると言えます。**

日本の東京都渋谷区、兵庫県宝塚市をはじめ、いくつかの自治体では同性婚によるパートナーシップを行政として認める制度がありますが、あくまで自治体の条例であり法律が変わったわけではないのです。

ヒンドゥー教と仏教にはどちらも輪廻転生という考えがあります。人どころか獣にも虫にも生まれ変わるのですから、男性が女性に生まれ変わったり、前世では女性だった男性が現世でも女性として生きたりするのも、さほど違和感がない……。学術的には証明されていませんが、仮説としては成立すると思います。敬虔な仏教徒であるタイ人にはＬＧＢＴＱ＋をカミングアウトする人が多く、社会もそれを受け入れているのは、そんな理由からかもしれません。

一番つらい思いをしているＬＧＢＴＱ＋は、おそらくイスラム教徒です。コーランでは、繰り返し結婚と子づくりを奨励しています。残念ながら自然生殖で子どもが生まれない同性愛者は、イスラム社会では差別の対象にもなる。……そんな話を聞いたことがあります。

偏見を恐れて隠すのでしょうが、自分の性や人を愛することは人間の根源にかかわる問題です。ＬＧＢＴＱ＋は単なる嗜好ではありません。性自認や性的指向は生まれつきのものので、個人の生き方の問題でもあります。他人がそれを強制するのは尊厳を傷つけることであり、人権問題になります。

宗教と自己の折り合いをどうつけるか、答えは簡単に出そうもありません。

もっとも、「ＬＧＢＴＱ＋は重要なテーマだが、そっとしておいてほしい」「思想的、宗教的に保守的だ」というＬＧＢＴＱ＋の人がいるとの指摘もあります。

「正解」が存在しない以上、自分なりの意見を持つことが大切です。非常にデリケートな問題ゆえに様々な意見があることを踏まえ、その背景にある宗教にも目を向ける。その思慮深さがあってこそ、教養あるビジネスエリートと言えるでしょう。

神は「安楽死」を認めるのか？

人生一〇〇年時代がやってくるという一方で、「延命治療によって単に生き延びるのは嫌だ」と尊厳死を望む人もいます。いくら医療が発達しても、今の段階では神の領域には達していないのですから永遠に生きられるはずもなく、安楽死や尊厳死はまさに宗教の問題でもあるのです。

医師が毒物を投与するなど、第三者が関与して死にいたらしめる「積極的安楽死」が認められている国は、本書執筆時点では、オランダ、ベルギー、ルクセンブルク、スイス、カナダ、韓国、そしてアメリカ（六州のみ）とオーストラリア（一州のみ）です。

オランダのように自国民であれば保険適用で安楽死ができる国もあれば、スイスのように医師が準備をし、最後のボタンは患者自身が押す「自殺幇助《ほうじょ》」の形をとる国もあります。

自殺幇助は、患者が自殺をすることになるので、自殺を厳しく禁止するカトリックの国では認められにくいでしょう。

ターミナルケア（終末医療・介護）は長寿高齢化社会においていっそう大切になりますが、痛みの緩和や介護設備など、科学ばかりに頼っていては不十分です。そこでカウンセリングなどが導入されていますが、私は宗教のサポートがもっとあってもいいのではないかと感じます。

キリスト教は死に向かう人に寄り添うよう、しっかりとした取り組みをしています。たとえば、「ホスピスがある病院」としてよく知られ、緩和ケア病棟も設けている東京衛生病院は、セブンスデー・アドベンチストというキリスト教系宗派に所属しています。

仏教のお坊さんには、「死を含め、人の悩みに寄り添うことがあまりできていない」と言う人が少なくありません。亡くなってからお葬式をあげるだけではなく、どのように生を終えるかに寄り添う役割も、今後は宗教に求められるでしょう。

もし悩みを抱えていて相談相手が簡単に見つからない場合は、近くのお寺を訪問してみてはいかがでしょうか。話を聞いてもらえると思います。

Present Day 05

世界の未来図を宗教から読み解く

バベルの塔と格差問題

世界の民族・宗教の分断や経済格差問題を考えるとき、私は旧約聖書の「バベルの塔」を思い出します。

天に届けと高い塔をつくる人間の姿を見た神が、その傲慢さに怒り、もともと一つだった人間の言葉を互いに通じないようにして分断した……。コーランにも「人類はかつて一つの民族だった」との趣旨の記述があります。

科学的には、人類のおおもとはアフリカの東海岸で生まれた一人の女性の染色体だと証明されています。一人の染色体が世界に広がっていく過程で様々な違いが生まれました。

現代の分断といえば、民族以外にも宗教、国籍、民族、性的指向やジェンダーによるものがありますし、経済格差による分断もあります。このような分断は人間に与えられた試練であり、これからのグローバルな時代は、その試練を越えた新しい価値観が求められていくのではないでしょうか。

なぜなら、グローバル化というのは、分断によって異なる価値観を持つようになったあらゆる国や人が、再びつながっていくという大きな流れなのですから。

たとえば、人々はインターネットで距離を超えてつながり、GAFAをはじめスターバックスやファストファッションというグローバル・ビジネスを通してつながります。

また、雇用機会を求めることで移民が増えれば、異なる価値観や経済力を持つ人々が同じ地域でともに暮らすという新たなつながりが生じ、そこには軋轢も生まれます。つながりと分断のバランスをいかにとるかは、今後のビジネスリーダーの重要課題であると私は思います。

「ホームレスは自己責任」という価値観は日本だけ？

日本で格差やホームレスについて議論をすると、否定的な言葉が一定数出てきます。

「貧困化するのはちゃんと働かない本人が悪い、自己責任だ」

「さぼっている人を助けたりしたら余計に働かなくなる」

こういう意見は、確かに一定の真理があるのかもしれません。政策立案者としては考慮しないといけないでしょう。

しかし、ユダヤ・キリスト教やイスラム教の文化では、「自己責任」という価値観はあまりありません。なぜなら、いかなる状況に置かれることも神の思し召しであるから。

神の思し召しのなかで困っている人を、同じく神の思し召しのなかで生きる自分が助けるのは当たり前だと考えるのです。たとえば欧米に行くと、三〇代ぐらいの若く健康なホームレスもいますから、日本人からすると違和感があるかもしれません。しかし神の思し召しである以上、社会から責められることはないのです（個人的にまわりの人から責められることはあるでしょう）。

キリスト教には隣人愛と博愛主義という考え方があり、特にカトリックでは前述した通り、善行が大切だとされます。プロテスタントの国アメリカにも、市役所では低所得者向けの食品クーポン「フードスタンプ」が、教会では無料の食事が配られるといったことが根づいています。

格差問題にどう向き合うかは、弱者に向ける眼差しによっても違ってきます。「お金を儲けたら、税金とは別に寄付をする」という考えが、ほとんどの国でしっかりとあり、ビル・ゲイツ、マーク・ザッカーバーグ、ウォーレン・バフェットといった大富豪は収入に見合う寄付をしています。ヒンドゥー教のインドでも、優秀な子どもに成功した実業家がお金を出すことは珍しくありません。世界5大宗教は共通して「施しが大事である」というメッセージを人類に植えつけたと言えます。

日本でも個人資産三〇〇億円を使って稲盛財団をつくった稲盛和夫氏をはじめ、寄付をする成功者はいますが、日本の経営者全体を他国と比較した場合、まだまだ寄付が根付いていないようです。日本は経営者であっても所得がさほど高くないという事情もありますが、宗教偏差値の低さも影響しているのではないでしょうか。

仏教が葬式仏教化した時、もともと仏教にあった施しの精神が薄らいだ——これが弱者に手を差し伸べず、自己責任論ばかり叫ばれる日本社会の一因になっているとも言えるのです。現在の日本では、ひきこもりが問題になっていますが、仏教などの宗教が手を差し伸べていないことも根っこでは同じだと私は考えています。

もしも仕事が消滅したら？

人類の歴史を振り返ると、戦争や天災や伝染病で、飢えた人も亡くなった人もたくさんいました。それでも、仕事そのものがなくなったことは一度もありません。いつの時代も働けない人やホームレスがいましたが、そういった人は「仕事がない」わけではなく、病気やメンタルの問題などで「仕事ができない」人たちなのです。また、貧しい人はいましたが、仕事自体は存在していました。

しかし、今後は「仕事がない時代」が人類史上初めて到来します。戦争や天災や伝染病がなくても、ごく普通に暮らしている人が社会全体で大量に職を失う可能性が出てくるのです。週刊誌で「ＡＩの登場によってこれから消滅する仕事」などという特集が組まれている通り、たくさんの仕事が消えていくでしょう。

もちろん、現在人手不足なのは事実ですが、それは建築や配送、介護など労働の負担に比べて報酬が安い業界に限られています。二〇三〇年ぐらいまでは人手不足が加速するものの、それ以降は技術の進歩でＡＩなどに置き換わり、仕事がなくなるという最近の研究データもあります。

「みんな平等に仕事をなくす危機に直面している」

この前提のもとで、誰もが生きていけるだけの収入を確保するにはどうしたらいいかという議論が必要になってきます。貧困層から富裕層まで生活のために一定額をベーシックインカムとして支給すべきだとの考えは、その一つの回答でしょう。

世界5大宗教のうち、ヒンドゥー教を除く四つの宗教は人間の平等を前面に出しています。神との契約である三つの一神教は、人はみな神の前では平等であり、カーストを否定する仏教も平等を重んじます。そしてヒンドゥー教でも、「同じカーストの同じジャーティのなかでは平等だ」「輪廻転生を経て上位カーストに上がる」というように、最終的に平等を目指してはいるのです。

格差が広がり、不平等が蔓延するその先に、誰もが職業を失う時代がやってくる。その時、不条理をなくし、平等を実現するために生まれた世界の宗教が、いかなる役割を果たすのか、改めて問われると感じます。

「欲望の抑え方」で環境問題が変わる？

環境問題は知らない人のいない大問題であり、たとえば私たちが使うストローやスーパーのビニール袋が、海洋生物の生態系に悪影響をおよぼしています。産業廃棄物に含まれる化学物質が、人間の性ホルモンの働きを阻害しています。人間が汚染した環境によって自分の体が汚染されている時代なのです。

どう考えても、「自分の欲望」よりも全体の最適を考えるようなマインドセットに変えなければ立ち行かなくなっているのですが、**資本主義経済のマインドセットでお金と力を手にした人や企業は、なかなか切り替えができません。**また、この問題を政治や法律だけで解決しようというのは無理な話です。

「貧しい国の人々を悪い条件で働かせているけれど、法で定められた最低賃金はクリアしているし、長時間労働だけれど上限は超えていない」

こんな考え方で自分だけお金儲けをする人は、残念ながら決して消えないでしょう。それが回り回って地球が何らかの被害を受けるかもしれないとしても、「罰せられない基準値の産業廃棄物ならセーフ！」と喜ぶ企業も存在し続けるでしょう。

そこで、法や政治や経済ができないこと、すなわち倫理観をアシストする大きな思想として、宗教の出番となる——この仮説をもとに私が考えるのは、今後の仏教の果たす役割です。たとえば「物質にとらわれず、すべての欲を捨てていく」という仏教の教えは、前述した通り今日のシンプルライフ志向の根底にあります。これが大きなムーブメントを起こす可能性があると感じています。

自然支配から自然との共生へ

日本の食文化と世界の動物保護が衝突する捕鯨問題などを見ても、自然・動植物とどう向き合うかというのは大きな問題です。これは宗教とは別の論点も多く、しっかりとした思想や理念が市民運動や企業努力、各国政府の取り組みにつながっています。

キリスト教においては「動物に魂がある」というローマ教皇の発言がかつて話題になったほど、キリスト教では人間中心主義の考え方があります。旧約聖書の考えでは「神が人間と動植物をおつくりになり、人間は自然と動植物を支配する」となります。

一神教で同じく旧約聖書を啓典とするイスラム教もキリスト教に近い考えですが、イスラムの学者のなかには、自然にも一部魂を認めていると解釈する人もいます。

この点がヒンドゥー教と仏教は、大きく異なります。諸説ありますが、ヒンドゥー教や仏教は人間のみならず動物にも魂があると認めています。

特に神道の影響がある日本の仏教は、人間や動物のみならず、自然も含めて魂があるものと解釈します。そもそも仏教の経典である「涅槃経」には、「草木国土悉皆成仏」という有名な言葉があり、草木を含めたすべてを、命あるものとして尊重しているのです。

ヨーロッパの公園と対比すると、日本はありのままの自然を尊重します。たとえば窓を額縁に見立てて遠くの山の風景を絵のように楽しんだり、あえて京都の真んなかに自然を取り入れた禅寺の庭をつくったり、常に自然と一体であろうとします。

だからこそ、これからの時代は日本人が無自覚に持つ宗教観、「自然との共生」という考え方が役に立つと私は確信しています。

ビジネスエリートならご承知の通り、物事は一面だけでは動きません。いくら「日本人の持つ自然との共生という価値観が、今後は世界の役に立つ」と言っても、現実として日本は環境問題に積極的だとは言い切れません。一方、キリスト教国の欧州では、環境問題に積極的な国が多くあります。また、捕鯨問題では、知的動物と捉えられる鯨を食べることに対して、日本は一部の国から厳しく批判されています。

また、エネルギー・環境問題では、日本は世界的に後れを取っているというのが私の個人的な見解です。京都議定書のイメージが強く、「もったいない」が世界共通の言葉になるなど、私たちのイメージとしての日本は環境先進国ですが、地球温暖化防止京都会議ではたまたま議長的な役割だっただけ。悲しいことですが、リーダーシップをとったとは言い切れないのです。

一人のリーダー時代から、SDGsつながりの時代へ

二〇一五年、国連サミットでSDGsが採択されました。

あらゆる階層の様々な立場の人にヒアリングして定めた一七の目標を、二〇三〇年までに達成しようという取り組みであり、国連に加盟するすべての国が承認している、大きなムーブメントとなりうるものです。今後はSDGsに貢献する企業が投資家に支持され、SDGsを踏まえた事業計画が賛同を得るでしょう。企業の経済活動によってSDGsの目標を実現することもできます。

一七の目標は「貧困をなくす、飢餓をなくす、すべての人に健康と福祉を、質の高い教育を、ジェンダーの平等」など。どれも誰もが賛成するような大きな目標で、さらに一六九の具体的なターゲットがあります。この目標を見ていると、自然も動植物も一体であり、

自分は世界の七〇数億人のうちの一人であるという、仏教的なつながりが大切だと再認識します。

すべての関係性を説く因果の法則や縁起が、これからの世界にはやはり必要なのではないでしょうか。

その意味で日本のビジネスエリートは、無意識に持っている仏教や神道の考え方を自分のなかでもう一度整理し、世界の場で話題にのぼらせる役割を担っていると言えます。自分が儲けるだけではなく、そのことで他者の利益ももたらすという利他的精神は、未来のビジネスにおいてはいっそう注目されるでしょう。ぜひ、ビジネスエリートの教養ある雑談のネタとして、仏教の教えや神道の考え方を活用していただきたいと思います。

また、ユダヤ・キリスト教やイスラム教の「人は神のもとに平等である」という教えは、格差が広がっていく社会において真剣に再度検討すべきです。人間である以上、偏見がゼロになることはあり得ません。人種や民族や国籍による差別、経済的な差別、ジェンダーや性的指向による差別は、最小化することはできるかもしれませんが、完全に消えることはないでしょう。言葉を変えれば、差別をなくす努力は永遠に続けなくてはいけないということです。現在の多くの課題は、旧約・新約の聖書に解答があることも多いと思います。

人類の歴史において、差別を乗り越えようとたくさんの血が流されてきました。南アフリカ共和国第八代大統領ネルソン・マンデラは、黒人差別はもちろんあらゆる差別の撤廃と、すべての人の平等を訴えました。

二〇〇九年、私は彼の孫にあたる女性とワシントンD.C.で議論をしたことがあります。マンデラが監視下に置かれた非常に厳しい時代を家族として体験している、言わば生き証人です。

「南アフリカでの祖父の闘争は、アメリカで黒人大統領が誕生するという人類の大きな出来事につながっています」

彼女は感慨深げに言い、「私は人間の叡智を信じたい」と語りました。

マンデラはキリスト教徒ですが、宗教は人種や国籍を超えるものでもあります。宗教によって戦争も起こりますが、国家を超えたキリスト教徒同士のつながり、イスラム教徒同士のつながり、仏教徒同士のつながりによって戦争や貧困を食い止めることもできるのです。その際にはどの宗教も、お互いを寛容に受け入れることが前提になります。

世界を超えるグローバル経済のように、宗教には世界に広がってきた長い歴史がありま す。これからの世界に、宗教の力を最良の形で取り入れていく。宗教には新たな可能性も大いにある——そのように捉えることもできるのです。

Epilogue

最後までお読みいただきありがとうございます。今後生き抜くために必要な教養。その土台になる宗教について参考にしていただけたでしょうか。新しい時代の指針につながるヒントがあればと願っています。

さてエピローグとして、私が宗教の重要性を感じた経緯などについてお話しさせていただきたいと思います。

私は、一九六八年三月に大阪と神戸の中間にあるベッドタウン兵庫県西宮市に生まれました。幼い頃一緒に住んでいた祖父母が奈良県や京都府の出身であり、古き日本の伝統が少し残った環境で育ちました。

たとえば、自宅には仏壇があり、お墓参りや法事などは比較的きちんとしていたと思います。神棚もありいつも榊などが飾られていました。実家は鉄工所を経営していたので商売繁盛なども祈っていました。夏にはご詠歌という仏教の経典を家族で読む習慣もありました（一九七〇年代の関西ではそのような習慣が残っていました）。

しかし、大学卒業まではとりたてて宗教に関心があったとは言えません。「お墓参りはできればしよう、初詣には行こう」くらいです。

宗教への意識が大きく変わったのは、外務省に入省後の在外研修でエジプトのカイロに赴任してからでした。

現地の文化、習慣を会得することが重視されていた外務省の研修でしたが、特にアラビア語の場合、現地の家庭に滞在することが推奨されていました。私も迷うことなく下宿しました。

ナイル川の近くの庶民的な街にあったエジプト人家庭に住み、食事を含めた日常生活をすべてアラブ風、イスラム風の文化、習慣の下に置いたのです。

アラビア語を学ぶ過程では、当然コーランを読む機会もありました。お祈りや断食なども経験しました。イスラム教の歴史や教義についても、実際の生活や現地の有識者に教えを乞う形で学んでいきました。

同時に強く感じたのは、キリスト教やユダヤ教との違いからくる対立でした。

エジプトには、古代から続くキリスト教徒として、コプト教徒がいます。人口の一割近くですから、決して小さな存在ではありません。ちなみに、エジプト出身で国連事務総長になったガリはコプト教徒。古代ローマ帝国の影響を感じさせるコプト教の教会もありました。

しかし、エジプトのキリスト教徒の置かれた状況は決して安穏としたものではありませんでした。なぜなら教会が襲撃されたり、職場で不利な扱いを受けたりすることもあったからです。そこで私は、キリスト教の歴史や教義についても学んでいきました。

また、エジプトの隣国は、ユダヤ教徒の国であるイスラエルです。エジプトとイスラエルは外交関係があり、大使館もありましたが、大使館前は常に緊張感が漂っていました。イスラエルの最高学府であるヘブライ大学のサマースクールを受講して、イスラエル人学生と同室で一カ月間過ごし、毎日のようにイスラエル社会、ユダヤ教について教えてもらうこともしていました。

こうして私は、「神とは何か」「人間とは何か」「人間は神の前でどんな存在であり、何をすべきなのか」といった日本では考えないようなことを考えるようになったのです。エジプトのピラミッド以来の悠久の歴史が、このような哲学的な思考を促した面があるかもしれません。日本ではなじみが薄い一神教の人々の思考に触れる機会は、視野を広げてくれました。

カイロ駐在の後、私はイギリスに移りました。イギリス時代の経験として思い出されるのは、キリスト教の教会でのホームレス支援ボランティアです。冬場は極寒のあまり路上死するホームレスのために、教会は内部を宿泊場所として提供していました。そこで温かいコーヒーなどをサービスするボランティアをしたことは、私にとってキリスト教の隣人愛を体験的に学ぶ場でした。

一方で、日本で信者が最も多い宗教である仏教のお寺ではあまりホームレス支援をしているとの話を聞きません。イギリスのキリスト教の視点から、日本の宗教について考察する機会を得ることができました。

イギリスの後、再び中東に戻りました。サウジアラビアの日本大使館での勤務です。その時期に、阪神淡路大震災が起きました。西宮市の実家は全壊して、当時大学生であった妹が死亡しました。大使館の同僚の配慮で私は即刻帰国させていただき、妹の葬式やがれき処理にあたりました。この妹の死が「人間はなぜ生きているのか」「生とは、死とは」と考える大きな契機になりました。

サウジアラビアに戻り、サウジアラビア人の友人に「地震で妹が亡くなった」と言った時、返ってきた言葉が今でも忘れられません。それは「神様の思し召しだったね」という言葉でした。

一般に、「神様の思し召し」は良い出来事に使うことが多いので、震災と肉親の死の際に使われたことに驚きました。しかし、唯一絶対の神様の存在を前提にすると、震災も肉親の死も神様の思し召しなのです。

外務省を退職して、日本総研でコンサルタントを経験し、四二歳で独立起業しました。その決断の根底には民族や宗教の分断を防ぎ、お互いの相互理解を高め、ウィン・ウィンなビジネス関係を築き、世界を変える人材を育てたいという強い決意がありました。別の言い方をすればグローバルリテラシーのある人材を育てたい、世界全体のグローバルリテラシーを高めたいと思ったのです。

日本総研を退職する際、同僚に「世界をさらに深く広く知るため、知ってもらうための事業を起こす。その準備としてとにかく時間をつくって徹底的に世界の現場を見る。一〇〇〇万円、二〇〇〇万円かかるかもしれないが、借金してでも回る」と言って独立起業しました。幸い借金をすることはなかったですが、巨額を投じて、世界の最先端の企業や農村、スラム街などを回り、多数の国際会議に出席して研鑽を積んできました。これは、グローバルリテラシーを高めるための現事業に大いに役立っています。

ビジネスリーダー向けの研修での議論で実感することは、激動の時代における判断の軸の重要性です。稲盛和夫氏が主宰される経営者の塾である盛和塾の塾生でもある私は、稲盛氏が判断の一つの軸として仏教について言及されたのを聞き、さらに仏教を深めようと決意して、高野山大学で仏教思想や比較宗教について学び修士号を取得しました。

二〇一五年以降は、自分の会社の事業のみならず、神戸情報大学院大学にてアフリカやアジアの起業家志望の社会人学生と共に、社会を変えるイノベーションを創出すべく尽力しています。彼ら彼女らの世界観、宗教観について学ぶことも多々あります。

移民や難民への対応、AI化による仕事の消滅の可能性、国家と巨大IT企業の覇権争い、宗教や民族の違いによる内戦……。世界には難題が山積しています。

宗教を学ぶことは、世界情勢を読み解くための視点を与えてくれるだけでなく、世界の今後について考える際に大きな指針の一つになりうると考えます。まさに「教養の土台」であると感じます。

本書がみなさんが世界の現在と未来を知り、次の打ち手を考える何らかのお役に立てれば大変光栄です。

本書を執筆するにあたり、多くのクライアント企業のみなさん、神戸情報大学院大学の教職員や様々な国の学生、外務省時代の同僚や上司、海外赴任時代の世界の仲間から多くの助言をいただきました。

また本書では、難関の試験を受けてユダヤ教に改宗し、Ultra Orthodox派のChabad教団に所属するユダヤ教徒として厳格なユダヤ教義のもと、日本を代表するユダヤ人として活動（ユダヤ教に関する著書多数）する国際弁護士の石角完爾氏に、ユダヤ教の項目を監修していただきました。

キリスト教は、ルーサーライス神学大学大学院で博士課程を修了し、現在、上馬キリスト教会牧師、社会福祉法人東京育成園園長を務めている渡辺俊彦牧師に監修していただきました。

イスラム教は、中東諸国における研究経験が豊富で、イスラム教に詳しい神戸大学国際文化学研究科教授である中村覚氏に、仏教・ヒンドゥー教は、この二つの宗教に造詣が深い、高野山大学准教授の土居夏樹氏に監修していただきました。諸専門家の方々に、心より感謝いたします。

もちろん、文中のいかなる間違いも筆者の責任であることは論をまちません。

ダイヤモンド社の木下翔陽氏、アップルシード・エージェンシーの鬼塚忠社長、遠山怜氏、同元社員の原田明氏、さらに執筆において青木由美子氏に大変お世話になりました。

最後にいつも励ましてくれる妻と社会人・成人になりつつある二人の子どもたち、自由を尊重してくれた天国の両親に感謝して終わりたいと思います。

特典：おすすめの宗教映画

キリスト教、ユダヤ教が理解できるオススメの映画

キリスト教

『パッション』（2004年、メル・ギブソン監督）
イエスが磔にされるまでの12時間を描いた作品。全世界で記録的なヒットとなった。

『サン・オブ・ゴッド』（2014年、クリストファー・スペンサー監督）
イエスの誕生から磔、復活までを描いた。一般の日本人になじみの薄い復活について理解が深まる。

『沈黙―サイレンス―』（2016年、マーティン・スコセッシ監督）
江戸時代初期のキリスト教が禁教とされた時代を描いた遠藤周作の同名作品の映画化。日本人のキリスト教の捉え方を考える契機になる。

『ジャンヌ・ダルク』（1999年、リュック・ベッソン監督）
軍事指導者でありカトリック教会の聖人であるジャンヌ・ダルクの一生を描いた作品。

『パウロ～愛と赦しの物語～』（2018年、アンドリュー・ハイアット監督）

キリスト教がローマ帝国に迫害されていた時代にヨーロッパに伝道したパウロと、福音書を書いたルカの物語。

ユダヤ教

『十戒』（1956年、セシル・B・デミル監督）

モーセの出エジプトを描いた大作。聖書にある紅海の海が割れてそのなかを歩くシーンはあまりに有名。

『屋根の上のバイオリン弾き』（1971年、ノーマン・ジュイソン監督）

19世紀末ロシア帝国領になったシュテットルのユダヤ人を描いた著名ミュージカルの映画化。

『杉原千畝』（2015年、チェリン・グラック監督）

ユダヤ人にビザを出して6000人の命を救った外交官杉原千畝を描いた。唐沢寿明が杉原を演じた。ユダヤ人と話す場合は、杉原の話題を出すためにも見ておきたい。

［著者］
山中俊之（やまなか・としゆき）
元外交官。株式会社グローバルダイナミクス代表取締役社長、神戸情報大学院大学教授。1968年兵庫県西宮市生まれ。東京大学法学部卒業後、1990年外務省入省。エジプト、イギリス、サウジアラビアへ赴任。対中東外交、地球環境問題などを担当する。エジプトでは、カイロのイスラム教徒の家庭に2年間下宿し、現地の生活を実際に体験。イスラエルでは、ヘブライ大学のサマースクールにて、寮でユダヤ人と同じ部屋で暮らす。イギリスでは、キリスト教の教会にボランティアとして通う。また、首相通訳（アラビア語）や国連総会を経験。外務省を退職し、2000年、株式会社日本総合研究所入社。2009年、稲盛和夫氏よりイナモリフェローに選出され、アメリカ・CSIS（戦略国際問題研究所）にてグローバルリーダーシップの研鑽を積む。2010年、グローバルダイナミクスを設立。研修やコンサルティングを通じて、激変する国際情勢を読み解きながら戦略立案ができる経営者・リーダーの育成に従事。「宗教とビジネス・最先端科学」に関連するセミナー・研修も多数開催。2011年、大阪市特別顧問に就任し、橋下徹市長の改革を支援。SDGsカードゲームファシリテーターとしてSDGsの普及にも努める。2019年現在、世界94カ国を訪問し、先端企業から貧民街まで徹底視察。ケンブリッジ大学大学院修士（開発学）。高野山大学大学院修士（仏教思想・比較宗教学）。ビジネス・ブレークスルー大学大学院MBA、大阪大学大学院国際公共政策博士。テレビ朝日系列「ビートたけしのTVタックル」、朝日放送テレビ「キャスト」にも出演。

著者エージェント：アップルシード・エージェンシー
http://www.appleseed.co.jp/

世界94カ国で学んだ元外交官が教える
ビジネスエリートの必須教養　世界5大宗教入門

2019年8月21日　第1刷発行
2024年12月2日　第6刷発行

著　者――山中俊之
発行所――ダイヤモンド社
〒150-8409　東京都渋谷区神宮前6-12-17
https://www.diamond.co.jp/
電話／03·5778·7233（編集）　03·5778·7240（販売）
装丁・本文デザイン――山田知子（chichols）
DTP――桜井淳
校正――鷗来堂・三森由紀子
製作進行――ダイヤモンド・グラフィック社
印刷――堀内印刷所（本文）・新藤慶昌堂（カバー）
製本――ブックアート
編集協力――青木由美子
編集担当――木下翔陽

ISBN 978-4-478-10605-1